무인양품 정리법

마음까지
심플하게

일러두기

· 이 책은 2018년에 출간된 일본어판을 번역한 것입니다.
· 만화는 원작의 이미지를 반전시켰기 때문에 원작과 방향이 다릅니다.
· 본문에 소개된 상품 중에는 국내에서 판매하지 않는 것도 있습니다. 독자분들의 양해를 구합니다.
· 상품 치수(폭·깊이·높이)의 단위는 모두 센티미터(cm)입니다.

KAJIGAYAKENO SEIRISHUNO RESHIPI
KIGATSUKEBA, ZUTTO MUJIRUSHIRYOHIN DESHITA.
by Yoko Kajigaya, Sayaka Akiba
Copyright ⓒ Yoko Kajigaya/G.B.company 2018
All rights reserved.
Original Japanese edition published by G.B.company

Korean translation copyright ⓒ 2021 by Book21 Publishing Group
This Korean edition published by arrangement with G.B.company
Through HonnoKizuna, Inc., Tokyo, and Eric Yang Agency, Inc

이 책은 에릭양 에이전시를 통한 저작권자와의 독점 계약으로 ㈜북이십일에서 출간되었습니다.
저작권법에 의해 한국 내에서 보호를 받는 저작물이므로 무단전재와 복제를 금합니다.

무인양품 정리법

마음까지
심플하게

가지가야 요코 지음 | 아키바 사야카 그림
박제이 옮김

21세기북스

CONTENTS

CHAPTER 01 자취 시절

무인양품 정도면 됐지 — 15

EPISODE 01 방 꾸미기
> 이상적인 생활을 위한 정리와 수납 실천하기 — 16
> '이상적인 방' 꾸미는 법 — 22
> TASTE 01 Natural / TASTE 02 Cool

EPISODE 02 정리하기 초급편
> 깔끔하게 수납해도 정리하지 않으면 금세 어질러지기 마련 — 36
> 왜 물건이 넘치는가? — 40
> 생활에 맞는 '적정량'을 고려 — 42

CHAPTER 02 신혼 생활

무인양품은 참 괜찮은 것 같아 — 45

EPISODE 03 물건의 치수
> 정리수납에 해당하지 않는 '큰 것은 작은 것을 겸한다'의 법칙 — 46

	딱 맞는 사이즈는 우연이 아니라 필연	52
	수납용품의 조합을 고려하기	54
	치수를 잴 때 중요한 것은 '깊이'	56
	수납 방법에 맞춰서 '높이' 고르기	58
	높이를 지배하는 자가 수납을 지배한다	60

EPISODE 04 | 물건의 배치

물건을 쉽게 넣고 빼는 데
가장 중요한 것은 물건의 배치 · 62

수납 장소에 맞춘 배치 · 66
다이닝룸의 선반 / 컴퓨터 공간

CHAPTER 03 육아·이사

무인양품은 대단해 · 73

EPISODE 05 | 수납용품 고르는 법

쇼핑에 실패하지 않는
수납용품 특징의 이해 · 74

수납용품을 사기 전에 고려할 점 · 80
수납 방법을 고려하기 · 82
소재를 고려하기 · 84
유형을 고려하기 · 85

| EPISODE 06 | 정리하기·중급편 | 물건이 쌓이지 않는 구조 만들기 ...... 86 |

물건의 임시 피난소 만들기 90
[정리수납의 예시] 의류(물려줄 것)
잘 쌓이는 물건 파악하기 92
[정리수납의 예시] 종이류

| EPISODE 07 | 동작 치수·동작 공간 | 넣고 뺄 때 필요한 공간 치수 재기 ...... 94 |

동작 치수·동작 공간을 고려하기 98

CHAPTER 04 육아

역시 무인양품이 좋아 103

| EPISODE 08 | 수납의 재검토 | 짜증 날 때야말로 수납을 되돌아볼 절호의 타이밍 ...... 104 |

정리수납은 날마다 되돌아보기 110

| EPISODE 09 | 수납의 목적 | **수납용품을 통한 '손쉬운 집안일' 실현하기** ········· 114 |

'귀차니스트'라도 굳이 성격을 고칠 필요는 없다 ········ 118

| EPISODE 10 | 동선 짜는 법 | **이동이 원활할수록 정리와 집안일은 편리** ········· 122 |

생활하기 편한 동선 고안하기 ········ 126
[동선의 예시]
아들의 몸단장 동선 / 어른의 몸단장 동선 / 집안일과 청소 동선

| EPISODE 11 | 물건을 쓰는 사람의 입장 | **'무엇이 좋은지'는 쓰는 사람만이 아는 법** ········· 130 |

사용자가 가장 쓰기 좋은 물건과 방식을 고르기 ········ 134
[예시]
딸의 의자 / 딸의 서랍 / 아들의 옷장 / 딸의 필통 / 부부의 쓰레기통

| EPISODE 12 | 편한 수납, 아름다운 수납 | **아이의 장난을 막아주는 '귀찮은 수납'** ········· 138 |

성격에 맞는 수납법 고르기 ········ 142
문구 / 저장식품 / 화장품 / 위생용품 / 장난감 / 주방용품 / 액세서리

| EPISODE 13 | 보이는 수납 | ▶ | **꼭꼭 숨기지 말고 장식하면서 수납하기** ········· **146** |

'보이는 수납'이야말로 인테리어 ············· **150**
느낌 있는 수납과 인테리어 ··············· **152**

| EPISODE 14 | 데드 스페이스 | ▶ | **눈에 닿지 않는 곳에 두면 '필요 없는 물건'이 된다** ········· **154** |

'존재를 잊게 될 수납'을 하지 않기 ············· **158**
데드 스페이스의 활용 ·················· **160**

| EPISODE 15 | 커스터 마이즈 | ▶ | **애용품의 배치가 물건이 늘어나는 것을 막는다** ········· **162** |

취향에 맞게 커스터마이즈 하기 ············· **166**
종이 끼우기 / 달기 / 그리기 / 붙이기

| EPISODE 16 | 아이 방 꾸미기 | ▶ | **아이는 정리의 주체, 부모는 조언자** ············· **170** |

아이와 함께 만드는 편안한 방 ·············· **174**
아이 방의 조닝을 고민하기 ··············· **175**
[아이 방의 조닝]
놀이 공간 / 공부 공간 / 몸단장 공간 / 수면 공간

| EPISODE 17 | 정리하기·응용편 | ▶ | **버리기 위해서가 아닌, 남기기 위한 수납정리** ········· 180 |

버리지 않기 위한 수납 방법을 고려하기 ········ 184
'추억이 담긴 물건'을 분류 및 보관하기 ········ 186

EPILOGUE 앞으로의 일
앞으로도 무인양품만 쓸 거야 ——— 189

COLUMN 무인양품과 나
무인양품의 문구와 나 ········ 44
무인양품의 위생용품과 나 ········ 72
무인양품의 방재용품과 나 ········ 102
무인양품의 식품과 나 ········ 188

무인양품의 수납용품 분류표 ········ 194
물건 치수표 ········ 211

캐릭터 소개

요코

1978년생. 어렸을 때 동생이 아무렇게나 벗어놨던 옷을 주워서 개켜두는 것이 '놀이'였을 정도로 정리광이다. 16년간 물건 분류와 재고 관리 업무에 종사했다. 자취 생활을 거쳐 28세에 결혼하면서 단독주택으로 이사했다.
현재는 두 아이의 엄마로서, 또한 정리수납 어드바이저로서 공사다망한 나날을 보내고 있다.

남편 / 아빠

1979년생. 요코와 3년간의 교제 끝에 결혼했다. 회사원으로 바쁜 나날을 보내면서 가족을 부양하고 있다.
결혼 전에는 아이가 싫다고 했지만, 막상 아이가 태어나자 놀랄 만큼 육아에 힘을 쏟고 있다.

딸 / 잇짱

2008년생. 초등학교 4학년. 제멋대로지만 할 일은 제대로 하는 성격. 추리소설을 매우 좋아하며 책을 많이 갖고 있다. 장래희망 중 하나는 정리수납 어드바이저 자격증을 따는 것.

슈짱 / 아들

2013년생. 유치원에 다닌다. 겁이 없고, 안 된다고 말려도 위험한 곳에 가기를 좋아한다. 한시도 가만히 있지 못하는 성격.

요코의 부모님

요코의 집 근처에 살며 손주들과 잘 놀아준다.

CHAPTER 01

자취 시절

무인양품 정도면 됐지

EPISODE 01 방 꾸미기

이상적인 생활을 위한 정리와 수납 실천하기

내가 처음으로 산 무인양품의 수납용품은 서랍식 클로짓 케이스였다. 독립하여 혼자 살게 된 것이 계기였다.

당시 내 나이 스물셋. 아직 정리와 수납의 기초는 전혀 모르던 시절이었다. 자취를 하게 됐으니 소품이나 서류를 넣기 위한 수납용품이 필요했다.

그러고 보니 무인양품에서 잔뜩 팔고 있었지. 여기저기 돌아다니며 찾는 것도 귀찮은데 무인양품 정도면 괜찮지 않을까?

…이런 식으로 별 고민 없이 무인양품 제품을 산 기억이 난다.

깔끔한 공간을 좋아했던 나는 무인양품에서 산 케이스에 물건을 죄다 집어넣어 보이지 않는 수납을 했다.

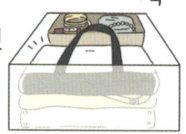

참고로 자취를 시작한 이유는 '잠을 더 자고 싶어서'였다.

당시 나는 회사와는 별개로 DJ 활동을 하고 있었는데, 어쩌다가 주 1회 라디오 방송을 맡게 됐다. 덕분에 집과 직장, 녹음 스튜디오 세 곳을 왔다 갔다 하게 됐는데, 이게 보통 힘든 일이 아니었다.

집에서 직장까지만 쳐도 편도 두 시간이 걸리는데, 집에 왔다가 차를 몰고 스튜디오로 이동해서 녹음을 마치고 집에 돌아오면 새벽 한 시가 넘었다. 그러고는 새벽 다섯 시에 일어나서 출근해야만 했다. 수면 시간은 겨우 두 시간 남짓.

그 생활이 너무도 힘들었기에 스튜디오 근처에 아파트를 얻어 나 홀로 자취 생활을 시작하게 된 것이다.

EPISODE 01 / 방 꾸미기

'이상적인 방' 꾸미는 법

정말로 필요한 물건과 좋아하는 물건으로 가득 찬 공간. 바로 이것이 내가 생각하는 '이상적인 방'이다. 그리고 이상적인 방을 만들 뿐 아니라 유지하기 위해서도 '정리수납'은 빼놓을 수 없다.

01 | 현재 상태와 마주하기

- ☑ 자기 자신과 마주한다
- ☑ 지금의 삶과 마주한다

본인이 어떤 성격인지, 혼자 사는지, 아니면 누군가와 함께 사는지, 방에서 보내는 시간이 긴지 짧은지, 어떤 물건을 많이 가졌는지 같은 현재의 자신과 삶과 환경을 돌아본다.

02 | 머릿속에 생활상을 그려보기 24페이지~

- ☑ 방의 **사용 목적을** 정한다
- ☑ 방의 분위기를 정한다

우선 방의 사용 목적을 명확히 하자. 내 경우, '취미인 DJ를 마음껏 즐기고 싶다!'가 그것이었다. 방의 전체적인 분위기를 정하는 것은 방을 꾸밀 때 동기부여에 도움을 준다.

03 | 물건과 마주하기 40페이지~

= **정리하기**

방을 장식하고 수납하는 것을 생각하기 전에 지금 가지고 있는 물건부터 정리하자. '필요한 물건'과 '필요 없는 물건'으로 나누고, 필요 없는 것은 처분한다. 이 작업이야말로 이상적인 생활을 위한 첫걸음이다.

04 | 조닝(zoning)하기

- ☑ 자신이 **어디에서 무엇을 하는지를** 적어본다
- ☑ **필요한 물건을** 적어본다

자신의 행동에 맞추어 방을 공간별로 나누는 것을 '조닝(zoning)'이라고 한다. 가령 화장은 여기서 하고, 빨래는 여기에서 개는 등… 이렇게 자기가 집 안 어디에서 뭘 하는지 적은 후, 공간별로 필요한 물건을 고른다.

우리 집 '조닝'하기

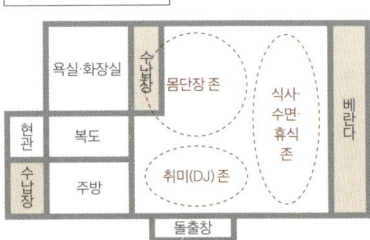

자취할 때 살던 집의 조닝이다. 취미 존을 넓게 확보하고 싶어서 식사·수면·휴식 존을 한 곳으로 몰았다

실제 평면도

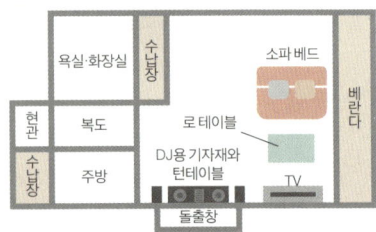

취미 존을 넓게 만든 덕에 커다란 스피커와 1,000장이 넘는 레코드를 수납할 공간을 충분히 확보할 수 있었다. 돌출창에는 덩치 큰 DJ용 기자재를 놔뒀다.

| **05** | 수납 방법 생각하기 | 52페이지~
80페이지~ |

- ☑ 어떤 방식으로 수납할지 생각한다
- ☑ 수납용품을 고른다

각 존마다 필요한 물건을 어떤 식으로 수납해야 좋을지 생각해야 한다. 포인트는 실제로 사용하는 사람이 넣고 빼기 쉬운 수납 방법을 고르는 것이 중요하다. 수납 방법을 정했다면 그것에 맞는 크기·형태·소재를 가진 수납용품을 고르면 된다.

| **07** | 필요한 물건 사기 |

- ☑ 가구를 산다
- ☑ 수납용품을 산다

사이트나 카탈로그를 보고 미리 후보를 정한 후에 매장을 방문한다. 실제 색상이나 질감, 서랍을 여는 방법 등을 확인한다. 여러 용도로 사용할 예정이거나 이사가 잦다면 재배치와 이동이 편한지도 고려해야 한다.

| **06** | 공간의 치수 재기 | 98페이지~ |

- ☑ 수납할 공간의 치수를 잰다
- ☑ 동작 치수와 동작 공간을 고려한다

수납할 장소의 넓이(폭·높이·깊이)를 잰다. 실제로 물건을 사용할 때를 상상하면서 문을 열어보기도 하고, 서랍을 열었을 때 필요한 공간의 크기(동작 치수·동작 공간)도 가늠해야 한다.

| **08** | 배치하기 | 66페이지~
98페이지~ |

- ☑ 가구를 배치한다
- ☑ 물건을 수납한다

가구를 배치함으로써 콘셉트가 흐트러지지 않는지 확인한다. 사람이 오가는 장소는 통로 폭이 최저 60cm는 확보되어 있는지도 맞춰본다. 보기 좋은 수납보다는 사용하기 편한 수납을 우선해야 한다. 그래야 그 공간에서 쾌적한 생활을 누릴 수 있다.

| **09** | 유지하기 | 110페이지~ |

- ☑ 손쉬운 정리법을 고민한다
- ☑ 정기적으로 재검토한다

물건을 원래 있던 자리에 돌려놓기 쉽도록 라벨링 한다. 라이프 스타일이 달라지면 수납 방식도 재검토한다. '넣고 빼기가 힘들거나' '꺼내고 나서 다시 집어넣지 않는' 상태가 발생한다면 정리 방식을 다시 검토해 보는 것이 좋다.

　독립한다는 생각에 두근거리는 가슴을 안고 살 집을 찾아다니고 방을 꾸몄던 기억이 새록새록 난다. 당시 나는 '취미인 DJ를 마음껏 즐기고 싶다!'라는 명확한 목적이 있었고, 그 목적을 이룰 수 있는 방 꾸미기를 목표로 삼았다. '소리가 새어나가지 않도록 방음성이 뛰어날 것' 'DJ용 기자재나 레코드를 둘 수 있는 공간이 충분할 것'. 이 두 조건을 만족하는 집을 찾아다녔다. DJ용 기자재를 두기 위해 다른 모든 물건은 수납장과 현관 선반에 수납했다.
　이렇게 정리수납을 별로 생각하지 않고 방을 꾸민 탓에 막상 살면서 'DJ는 실컷 즐길 수 있어서 좋은데 어쩐지 생활하기에 불편하다'라고 느끼게 됐다. 지금 돌이켜보면 '정리수납을 고려하지 않고 이상적인 생활 공간을 유지하기란 애초에 불가능한 것'이었다.

부드럽고 자연스러운 분위기를 해치지 않도록 검은색이나 스테인리스 등 개성이 강한 색이나 소재의 물건은 피하자.

포인트 색이 눈에 띄도록 흰색이나 회색 등 부드러운 색깔을 고르자.

내추럴 취향이라면 천연소재로 만든 가구나 수납용품을 사용하면 좋다.

TASTE 01 *Natural*

이상적인 취향이 반영된 나만의 방을 만들다

내추럴, 북유럽, 모던, 남성스러움 등 다양한 취향의 가구와 수납용품을 갖추고 있는 무인양품. 어떤 제품을 고르느냐에 따라 방의 느낌도 완전히 달라진다.

무인양품 제품을 이용해 24~29페이지에서는 내추럴 취향의 방을, 30~35페이지에서는 남성스러운 취향의 방을 꾸며봤다. 수납 아이디어도 담겨 있으니 즐기면서 감상하길 바란다.

관엽식물을 둬서 방 안에 색으로 포인트를 주면 방의 분위기가 밝아진다.

COLOR
- brown
- white

CONCEPT
- 취미인 독서를 즐길 수 있는 방
- 언제든 친구들을 불러서 놀 수 있는 방

자고 있을 때, 지진이 일어나도 물건이 떨어지지 않을 장소에 배치한다.

201 / 88.5 / 126 / 28.5

침대, 러그, 선반, 로 테이블, 식물, 거울

단위: cm

테이블의 사방은 지나다니는 것을 고려하여 60cm 이상 공간을 비워둔다.

물건을 넣고 빼기 좋은 수납 선반 세트에는 자주 사용하는 물건을 수납한다. 칸마다 수납할 물건의 종류를 구별한 후, ㄷ자 모양 선반이나 선반 파티션을 이용해 상하 공간을 살렸다.

수납 선반 세트·3단 2열·떡갈나무

---

1 자질구레한 물건

목제 트레이·각형

안경이나 시계 등 매일 사용하는 물건은 꺼내어 수납한다. 트레이를 이용하면 통째로 꺼내서 들고 옮길 수도 있다.

3 생활잡화

폴리프로필렌 케이스·서랍식·가로 와이드·얇은형·화이트 그레이

파일이나 건전지, 봉투 등의 생활잡화는 서랍식 케이스를 겹쳐서 분류 수납했다. 5에 소개할 파일 박스 색과 맞춰서 화이트 그레이로 골랐다.

2 화장품

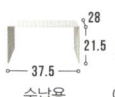
수납용 ㄷ자 모양 선반

아크릴 칸막이 스탠드·하프 etc.

ㄷ자 선반으로 위아래를 나눈 후, 아래쪽에 화장품을 넣었다. 수납용품은 투명한 아크릴 소재의 스탠드로 내용물 확인이 쉽고 꺼내기 좋게 세워서 보관한다.

4 가방

스테인리스 걸 수 있는 와이어 클립

자주 사용하는 가방은 모양이 망가지지 않도록 바스켓에 세워서 수납한다. 바스켓에 'BAG'이라는 태그를 클립으로 바스켓에 고정했다.

5 서류

폴리프로필렌 스탠드
파일 박스·A4 사이즈·
화이트 그레이

서류나 잡지는 파일 박스를 이용한다. 파일 박스는 사진처럼 뒷면이 보이게 두면 보기에 깔끔하다. 반대로 앞면이 보이게 두면 내용물을 꺼내기 쉽다는 장점이 있다.

7 무릎 담요

높이 조절 부직포
칸막이 케이스·
L·2개입

무릎 담요가 바스켓에 걸리지 않도록 이너 커버를 넣었다. 내용물을 넣고 빼기 쉬워야 하므로 수납용품은 높이 선택이 매우 중요하다(60페이지 참조).

6 책 etc.

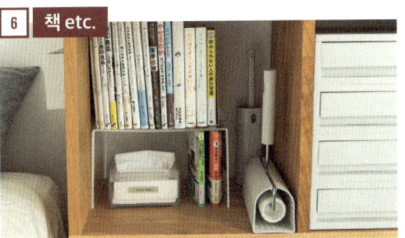

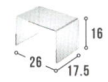
아크릴 선반
파티션

침대에 누워서 읽을 책이나 티슈는 침대에서 꺼내기 쉬운 곳에 수납했다. 무인양품의 청소용품은 밖에 꺼내둬도 깔끔하다.

8 인테리어용품

ABS 수지 프레임·
엽서 사이즈용

인테리어용품은 너무 많이 두지 않는다. 좌우 대칭을 맞춰서 배치하면 안정감을 준다. 포인트 컬러로 식물을 두면 방이 환해지는 효과도 얻을 수 있다.

9 쓰레기통 etc.

스틸
칸막이판·L

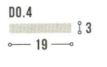
마그넷 바

폴리프로필렌
파일 박스용 포켓

ABS 마그넷
부착 클립

침대에서 손이 닿는 곳에 휴대전화 받침대와 쓰레기통을 뒀다. 스틸 칸막이에 마그넷 바를 달고 포켓을 걸었다. 그 위에는 마그넷 부착 클립에 to do list 등의 메모를 끼워서 할 일을 잊지 않도록 신경 썼다.

10 화장품

거울을 보면서 몸단장을 할 수 있는 공간. 콘센트가 가려지지 않게 선반이나 거울의 배치에 유념했다. 거울에 가까운 선반 우측에 화장품을 정리했다.

11 관리 용품

폴리프로필렌 노즐 보틀·S·300㎖·클리어

PET 용기 소분용·스프레이 타입·100㎖

오른쪽 병은 나무에 물을 주는 용도로 쓰고, 왼쪽 스프레이 병은 눌린 머리칼을 정리할 때 뿌리거나 식물에 물을 줄 때도 쓴다. 사용하는 장소의 바로 옆에 놔두면 편리하다.

12 헤어용품

라탄 직사각형 바스켓·S (36 × 26 × 12)

빗이나 드라이어를 모아서 바스켓에 담았다. 그저 담아두기만 한 수납이지만, 사용하지 않을 때는 ㄷ자 모양 선반 밑에 넣어서 가릴 수 있다.

13 거울

벽에 붙이는 거울·M·떡갈나무 (32.5 × 100 D2)

몸단장하기 쉬울 뿐 아니라, 아침에 일어났을 때 침대에서 곧바로 자신의 모습을 한눈에 점검하기 좋은 위치에 거울을 뒀다.

D = 깊이

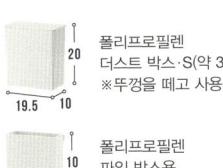

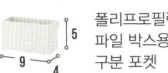

20 19.5 10	폴리프로필렌 더스트 박스·S(약 3ℓ) ※뚜껑을 떼고 사용
10 9 4	폴리프로필렌 파일 박스용 포켓
5 9 4	폴리프로필렌 파일 박스용 구분 포켓
10 4 4	폴리프로필렌 파일 박스용 펜 포켓

14 문구

앞 문구

테이블 밑에는 문구를 뒀다. 사용할 때는 그대로 테이블 위로 꺼낼 수 있어서 편리하다. 자주 사용하는 것만을 엄선한 후 분류해서 정리했다.

뒤 문구

라벨링을 해서 물건의 정위치를 정해두면 정리 정돈이 편하다. 이때 포인트는 물건을 꺼내기 쉬운 높이의 수납용품을 고르는 것이다.

15 테이블

내추럴 취향에 맞는 나무 소재, 맨바닥에 앉더라도 여유가 있는 높이, 그리고 서랍이 달린 로 테이블을 선택했다.

테이블에 서랍이 있으면 자주 사용하는 물건을 넣어둘 수 있어서 편리하다. 오른쪽에는 노트북, 왼쪽에는 수첩, 물티슈, 탁상용 빗자루를 넣었다.

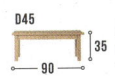

D45 35 로 테이블·
90   떡갈나무

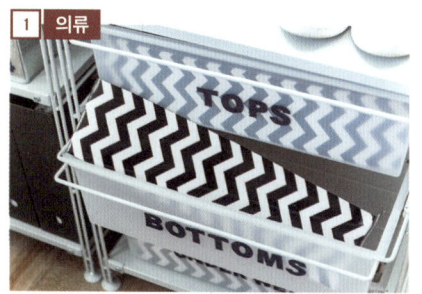

1 의류

상의, 하의, 속옷 등 종류별로 바스켓에 수납했다. 바스켓에 끼운 것은 100엔 균일가 매장에서 산 전자레인지용 매트다. 매트의 원래 접힌 부분에 맞춰서 잘랐더니 크기가 딱 맞았다♪

바스켓과 박스에는 100엔 균일가 매장에서 산 패브릭(데님)을 오려 붙였다!

스틸 유닛 선반·S 두 개를 나란히 배치했다. 수납하는 물건의 크기에 맞춰서 선반의 높낮이를 바꿀 수 있어서 편리하다. 그레이 유닛 선반, 실버 함석 박스, 블랙 탁상시계와 파일 박스를 사용해 남성스러운 인테리어를 연출했다.

디지털 시계·L·블랙
제품 모델: MJ-DCLB1

스틸 유닛 선반 세트·S·그레이

D = 깊이

2 인테리어 소품

스틸 유닛 선반 중 맨 위 칸은 선반을 달지 않고 피규어와 아끼는 스니커즈를 올려뒀다. 마치 피규어가 스니커즈를 신은 것처럼 보여서 귀엽다.

3 취미용품

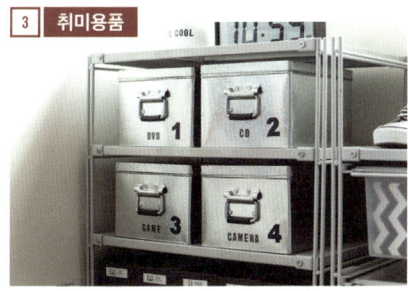

함석 박스·
뚜껑식·S

CD나 DVD, 게임 등은 각각 함석 박스에 보관한다. 뚜껑이 있어서 먼지가 쌓이지 않을 뿐 아니라 내용물이 보이지 않아 좋다.

4 잡지

남성스러운 인테리어로 꾸미기 위해 블랙이 많이 보이도록 파일 박스의 뒷면을 바깥으로 향하게 꽂았다.

원터치 스탠드 파일 박스·
A4 사이즈·5매입·
다크 그레이

5 식물

화분에는 인테리어 매장에서 산 접이식 수납 백을 씌웠다. 화분 높이에 맞춰서 수납 백의 주변을 접어서 안쪽으로 넣었다.

6 의류·가방

철 지난 의류와 가방을 각각 나눠서 넣어둔 수납 박스는 단단한 구조로 만들어져 있어 위에 앉을 수도 있는 뛰어난 제품. 친구가 놀러 왔을 때 의자로도 사용할 수 있다.

 폴리프로필렌 튼튼한 수납 박스·L

 폴리프로필렌 튼튼한 수납 박스·S

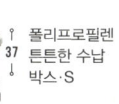

7 신발·모자

스테인리스 와이어
바스켓 1

신발은 와이어 바스켓에 한 켤레씩 넣어서 나란히 수납했다. 모자는 훅을 이용해 걸었다. 모양이 망가질 염려도 없고 꺼내 쓰기도 쉽다.

9 청소용품

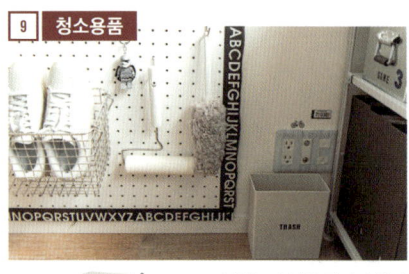

폴리프로필렌
더스트 박스·S(약 3ℓ)
※뚜껑을 떼서 사용

보이는 수납은 먼지가 쌓이기 쉽기에 청소용품은 곧장 꺼낼 수 있는 곳에 뒀다. 쓰레기통은 방해가 되지 않는 크기의 제품을 고른다.

8 잡지

잡지는 기본적으로 파일 박스에 보관하는데(33페이지 참조), 좋아하는 책은 훅에 걸어 보이도록 수납한다.

10 소파

푹신 소파
※본체와 커버는 별매.
사진 속 제품의 커버는
면 데님 소재(네이비)

읽고 있는 잡지는 바스켓에 넣어서 언제든 꺼내 볼 수 있게 한다. 소파에 편안히 앉아서 읽기 알맞은 위치에 배치했다.

11 취미용품

자잘한 낚시용품은 정리 트레이에 분류해서 보관한다. 화이트 그레이 색상의 캐리 케이스는 세련된 디자인이라 그 자체를 인테리어 소품처럼 쓰다가 필요할 때 그대로 들고 간다.

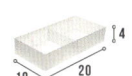

세워서 수납이 가능한 캐리 케이스·A4 사이즈·화이트 그레이

폴리프로필렌 데스크 정리 트레이 2 etc.

자주 쓰는 물건이나 취미인 낚시 도구를 모아둔 몸단장을 위한 코너. 키가 높은 선반은 구석에 배치하여 위압감이 느껴지지 않게 한다.

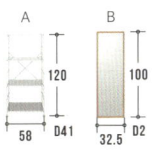

A. 스틸 유닛 선반 세트·M·그레이
B. 벽에 붙이는 거울·M·떡갈나무
C. 스틸 유닛 선반용 옷걸이봉·56cm

12 취미용품

취미인 낚시 전용 의류와 수건은 한꺼번에 서랍식 케이스에 수납한다. 평상복과는 별도의 공간에 수납하여 필요할 때 곧바로 꺼내 입을 수 있도록 했다.

13 의류

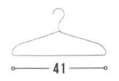

알루미늄 세탁용 행거·실버·3PCS

자주 입는 옷은 옷걸이에 걸어서 수납한다. 무인양품에는 다양한 옷걸이가 있기에 용도에 맞춰 골라 쓸 수 있다(119페이지 참조).

EPISODE 02

정리하기·초급편

깔끔하게 수납해도 정리하지 않으면 금세 어질러지기 마련

자취방을 깔끔하게 정돈했다고 생각했는데, 실제로 지내다 보니 '왠지 불편하다'라고 느낄 때가 늘었다.

← 무인양품의 주방용품

EPISODE 02 / 정리하기·초급편

왜 물건이 넘치는가?

어느샌가 집에 물건이 넘쳐나는 상황이라면?
수납 문제가 아니라 더욱 근본적인 부분에 원인이 있을지도 모른다.

원인 1

정리→수납의 순서가 잘못됐다

물건을 수납하기 전에 필요한 물건과 필요 없는 물건을 선별한다. 필요 없는 물건을 없애지 않으면
수납공간은 금세 넘치고, 정작 필요한 물건을 꺼내기 어려워지는 사태가 벌어질 수 있다.

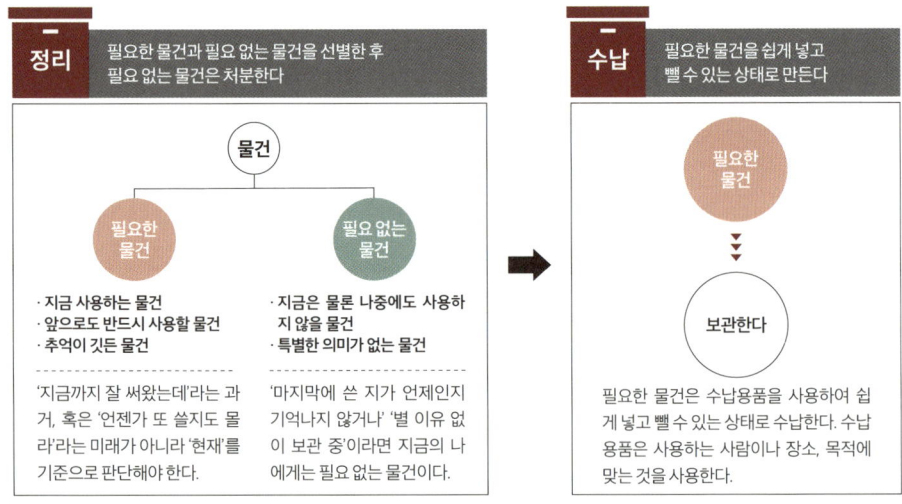

나는 어릴 때부터 정리하고 청소하기를 좋아했다. 그래서인지 자취를 시작한 후에도 집 안이 지저분해서 곤란했던 적은 없다. 다만 정리는 되어 있었지만 왠지 모를 불편함을 자주 느꼈다.

이유는 두 가지였다. 첫째, 필요한 물건과 필요 없는 물건을 선별하지 않고 모두 한꺼번에 수납했기 때문이다. 둘째, 당시 나는 '싸니까 사 둬야지' '언젠가 쓸지도 몰라' 하며 깊게 생각하지 않고 물건을 사곤 했다. 그래서 색이나 취향에 통일감이 없고 집 안이 '어딘지 모르게 너저분한' 상태였던 것이다.

원인 2

필요 없는 물건이 뭔지 모른다

'필요 없는 물건'이 아니라 '필요한 물건'을 선별하면 정리가 쉬워진다. '지금 사용하는 물건' '아끼는 물건'만 남기고 모두 처분하자.

원인 4

적정량을 알지 못한다

지금 생활에 필요한 양을 몰라서 필요 이상으로 물건이 늘어날 때도 있다. 필요한 물건의 양은 가족 구성이나 취미, 방 배치 등 라이프 스타일에 따라 크게 다르다.

> 42페이지 참조

원인 3

물건에 통일감이 없다
(잡동사니가 많아 보인다)

가구나 가전제품에 통일감이 없으면 너저분해 보이기 마련이다. 일부러 포인트를 주기 위한 경우가 아니라면 색과 취향을 통일하는 편이 깔끔하다.

원인 5

콤팩트하지 않다

상품을 포장 상자째로 보관하는 사람이 많은데, 포장 상자의 부피가 너무 크다면 내용물을 꺼내어 작은 봉투에 옮겨 담는다. 그러면 불필요하게 자리를 차지하는 일을 막을 수 있다.

> 82페이지 참조

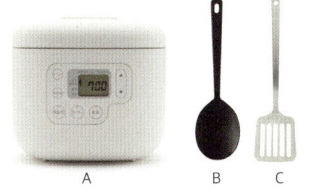

A. 주걱 거치대가 있는 전기밥솥
B. 실리콘 조리 스푼(길이 약 26cm)
C. 스테인리스 뒤집개(폭 8.5cm, 길이 33cm, 손잡이 24cm)

무인양품의 가구·가전제품 및 생활잡화는 심플하고 둥글둥글한 모양이 많다. 어느 공간에 잘 어울릴 뿐 아니라 사용하기에도 편리한 디자인이다.

　그 와중에도 무인양품의 밥솥만은 특별한 존재였다. 지극히 깔끔한 디자인이 자연스레 공간 속으로 스며들었기 때문이다.
　밥솥에 애착이 있어서인지 그 후, 주방용품을 바꿀 때는 자연스럽게 무인양품으로 향하게 됐다. 그렇게 무인양품 제품이 늘면서 집은 깔끔한 공간으로 변신했고, 필요 없는 물건이 늘어나는 일도 없어졌다.
　물론 당시 나는 그 이유를 전혀 생각해 보지 않았지만 말이다.

EPISODE 02 / 정리하기·초급편

생활에 맞는 '적정량'을 고려

물건의 적정량을 파악하려면, 우선 자신의 라이프 스타일과 마주해야 한다.
수납 장소나 수납용품에 맞춰서 '물건은 여기에 들어가는 만큼만 가지자'라고 정하는 것도 방법이다.

적정량을 확인할 때의 포인트

신발

어른용 신발과 아이용 신발은 수납에 필요한 공간의 너비가 다르므로 주의하자. 특히 부츠 등 종류가 다양한 여성용은 가로 폭뿐만이 아니라 높이도 신경 써야 한다.

식기

식기장에 식기가 몇 개 들어가는지 확인하자. 다만 다 넣은 상태에서 폭에 여유가 있더라도 너무 많이 겹쳐두면 아래 있는 것을 쓰지 않게 되거나 물건만 쌓아두게 되므로 주의해야 한다.

걸어서 보관하는 의류

집에 있는 수납장에 옷걸이를 몇 개 걸 수 있는지 확인한다. 옷걸이를 쉽게 움직일 수 있을 만큼의 여유가 있는 공간으로 만들어야 입지 않는 옷이 쌓이는 사태를 막을 수 있다.

개키는 의류

의류를 개켜서 수납하는 경우에는 우선 '본인이 유지하기 쉬운 옷 개키는 법'을 찾는 것이 무엇보다 중요하다. 개키는 방법에 따라 수납할 수 있는 개수와 필요한 수납용품도 달라진다. ▶ 59페이지 참조

　적정량을 계산하려면 라이프 스타일을 통해 '우리 집에 맞는 개수'를 파악해야 한다. 가령 식기의 경우, 매일 하는 요리의 가짓수나 방문객 수에 따라 적정량도 달라진다. 의류라면 '일주일에 몇 번 세탁기를 돌리는가' 등도 적정량을 정하는 포인트가 될 것이다.
　'수납 장소를 통해 적정량을 계산'하는 방법도 있다. 하지만 그러려면 우선 기본적인 물건의 크기를 알아둬야 한다(211페이지 참조). 가령 신발의 크기를 알고 있다면 '선반이 ○센티미터면 △켤레를 수납할 수 있겠네' 하고 가늠할 수 있다.
　일상생활을 살아가면서 물건의 크기를 신경 쓰기란 쉬운 일이 아니겠지만, 그거야말로 적정량을 가늠할 때 중요한 힌트가 된다.

무인양품 아이템의 적정량

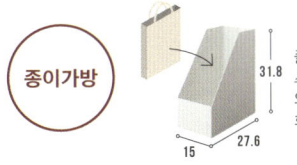

종이가방

폴리프로필렌 스탠드 파일 박스·와이드·A4·화이트 그레이

여유를 두고 꺼내고 싶다면 10개까지 넣을 수 있다. 많이 보관하고 싶다면 15개가 최대다. 그 이상은 넣거나 빼기가 어렵다.

연필 펜

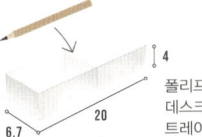

폴리프로필렌 데스크 정리 트레이 3

트레이에 딱 맞게 들어가는 개수는 연필 8자루와 펜 5자루다. 그러나 가운데를 붙잡고 여유 있게 꺼내기 위해서는 거기에서 한 자루를 뺀 개수가 이상적이다.

비닐봉지

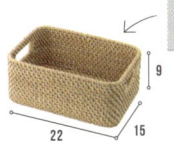

라탄 직사각형 바스켓·S·손잡이형

접는 것이 귀찮은 사람은 둥글게 마는 것을 추천한다. 여유를 두고 꺼내려면 8개(2x4열), 많이 보관하고 싶다면 12개(3x4열).

페이스 타월

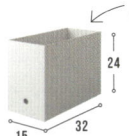

폴리프로필렌 파일 박스·스탠더드 타입·와이드·A4 사이즈·화이트 그레이

타월을 둥글게 말아 파일 박스에 세워서 수납한다. 여유를 두고 꺼내기 쉬운 개수는 8개(2x4열)지만, 많이 보관하고 싶은 경우에는 10개(2x5열)까지 넣을 수 있다.

　나 또한 혼자 살던 시절에는 내게 필요한 물건의 양 같은 건 생각해 본 적이 없다. 하지만 물건이 넘치지 않도록 자연스럽게 실천한 것이 있다. 그것은 비닐봉지나 종이봉투 등 매일같이 늘어나는 물건은 '여기에 들어가는 만큼만 남겨 둘 것'이라는 규칙을 정한 후, 그 이상 늘어나면 바로 처분한다는 점이었다. 지금 생각하면 무척이나 단순하지만, 꽤 합리적이고 알기 쉬운 방법이었다.

　지금은 밀폐 용기나 과자, 문구 등 모든 물건에 이 방법을 적용한다. 이때도 역시 무인양품의 수납용품이 활약한다. '이 수납용품이 가득 차면 반드시 수납을 다시 검토한다'는 규칙을 가족과 함께 공유하고 있다. 단, 수납용품에는 물건을 너무 많이 채워 넣어서는 안 된다. 여유를 두고 꺼낼 수 있는 양만큼만 넣는 것이 포인트다.

무인양품의 문구와 나

내가 처음으로 무인양품을 만난 것은 고등학생 때였다.
손쉽게 사용할 수 있고 심플할 뿐 아니라 세련된 느낌이라 정말 좋았다.

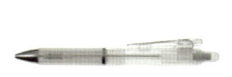

아크릴 샤프·
클립식·0.5mm

나의 무인양품 인생은 샤프펜슬에서 시작됐다! 공부할 때 애용하던 것도 바로 이것이었다. 쥐기 쉽고 글씨도 잘 써져서 지금까지도 쭉 쓰고 있다.

식림목 페이퍼
체크리스트 스티키 노트

밖에서 일할 때, 이 스티키 노트에 할 일을 적어서 컴퓨터 앞에 붙여둔다. 완료한 일에는 체크 표시를 할 수 있어서 편리하다.

메모장 체크리스트·
40매·14행·약 8.2×18.5cm

일주일 동안 해야 할 일은 이 체크리스트에 적어서 다이닝 테이블에 올려둔다. 아이들에 관한 일을 우선해서 적는다!

아크릴 테이프 디스펜서·
셀로판테이프·미니

모양새가 깔끔하고 테이프가 잘 잘린다! 아크릴 수지이므로 아이들도 안심하고 사용할 수 있다. 다이닝룸에서는 물론 아이들 방에서도 대활약 중이다.

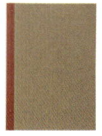

재생지 노트·무지·
B5·30매·베이지·실 제본

우리 아이들이 낙서할 때 애용하는 노트다. 스탬프를 찍거나 그림을 그리면서 표지를 커스터마이즈하는 것을 즐기고 있다.

2홀 펀치·
사이드 게이지 부착

우리 집 서류 정리는 이것 없이는 불가능하다. 학교에서 나눠준 인쇄물이나 안내문에 이 펀치로 구멍을 뚫어서 파일에 정리한다.

지워지는 볼펜·
레드·0.5mm

너무 잘 써지고 깔끔하게 지워진다! 일할 때는 이 볼펜 외에는 더는 필요 없다. 검은색과 빨간색을 줄곧 애용하고 있다.

쉽게 잘리는 가위·
화이트·길이 15.5cm

현관과 컴퓨터 공간에서 애용 중이다. 손에 쥐기 쉽고 잘 잘릴 뿐 아니라 모양도 심플하기에 우리 집에 무척 잘 어울린다.

주름이 지지
않는 풀·약 35g

용도에 따라 두 가지 방법으로 사용할 수 있다는 점이 마음에 든다. 잔량을 알기 쉽고, 종이에 주름이 생기지 않는 점도 좋다.

CHAPTER 02
신혼 생활

무인양품은
참 괜찮은 것
같아

EPISODE 03 물건의 치수

정리수납에 해당하지 않는 '큰 것은 작은 것을 겸한다'의 법칙

스물여덟 살에 3년간 사귄 남자친구와 결혼하게 됐다.

둘이서 결혼을 준비하면서 신혼집을 찾아다녔다.

조건이나 방 배치에 관해 고집하는 바가 있었던 우리는 좀처럼 마음에 드는 집을 찾기 어려웠다. 집 찾기에 지친 나는 문득 남편에게 제안했다.

둘이서 오랫동안 대화를 나눈 결과, '월세를 내는 금액과 주택 대출금을 상환하는 금액은 같다. 그렇다면 우리가 만족할 만한 집을 짓는 편이 낫지 않을까?' 하는 부분에서 의견이 일치했고 조건에 맞는 땅을 찾아서 집을 짓기로 한 것이다!

신혼집으로 단독주택을 짓기로 했고, 공간 배치는 모두 우리가 정했다.

가장 중요하게 생각한 점은 거실에 커다란 수납장을 설치하는 것이었다. 집 안에 있는 물건들을 이곳에 한꺼번에 수납하고 싶었다.

확실하게 크기를 재고 산 것이 아니었음에도 무인양품의 폴리프로필렌 수납 케이스가 딱 맞아서 무척 감동했다!

그러나 이 '커다란 수납장에 전부 넣기만 하면 돼'라는 생각은 엄청난 착각이란 게 밝혀지는데….

EPISODE 03 / 물건의 치수

딱 맞는 사이즈는 우연이 아니라 필연

'무인양품의 수납용품이 공간에 딱 맞게 들어갔다!'라는 경험을 한 적이 있는가?
그것은 우연이 아니다. 생각에 생각을 거듭한 치수(모듈) 덕분이다.

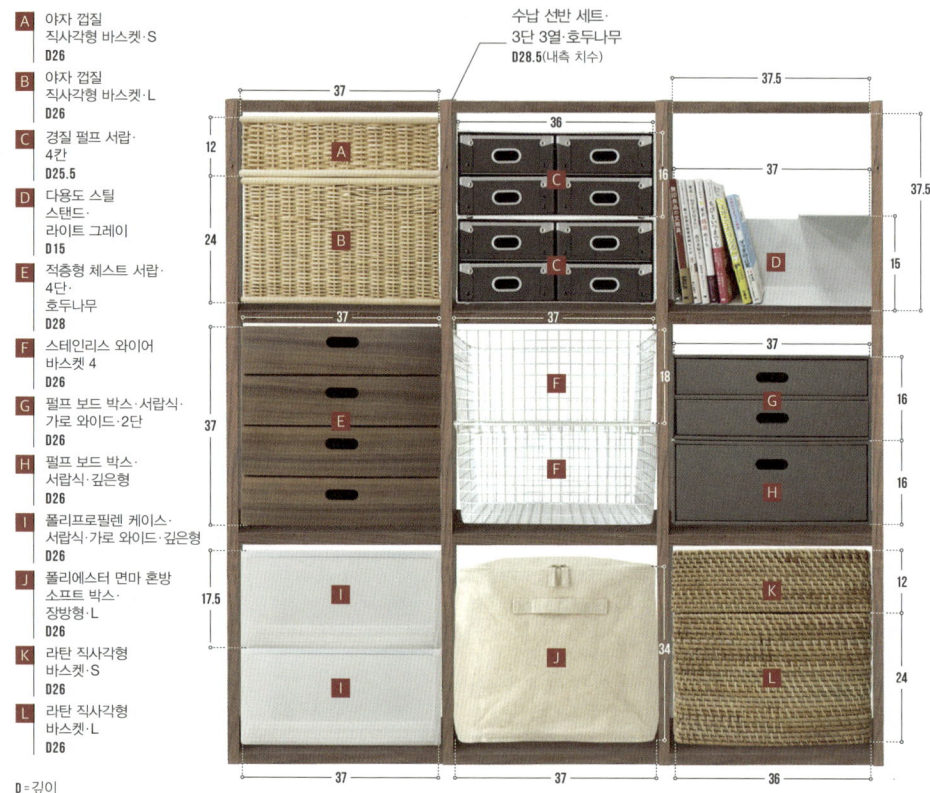

A 야자 껍질 직사각형 바스켓·S D26
B 야자 껍질 직사각형 바스켓·L D26
C 경질 펄프 서랍·4칸 D25.5
D 다용도 스틸 스탠드·라이트 그레이 D15
E 적층형 체스트 서랍·4단·호두나무 D28
F 스테인리스 와이어 바스켓 4 D26
G 펄프 보드 박스·서랍식·가로 와이드·2단 D26
H 펄프 보드 박스·서랍식·깊은형 D26
I 폴리프로필렌 케이스·서랍식·가로 와이드·깊은형 D26
J 폴리에스터 면마 혼방 소프트 박스·장방형·L D26
K 라탄 직사각형 바스켓·S D26
L 라탄 직사각형 바스켓·L D26

D = 깊이

    신혼 시절, 신혼집 거실에는 커다란 수납장이 있었다. 우리는 그것을 '우리 집 수납 창고'로 만들기로 했다.
    그런데 그 무렵 나는 '어디에·무엇을·어떤 식으로 수납하면 쾌적하게 생활할 수 있는가'를 생각하지 않고 그저 물건을 전부 수납장에 넣어두기만 했다.
    그러다 휴지나 세제처럼 여분을 보관해야 하는 자잘한 물건을 수납할 케이스가 필요했다. 그래서 집에 들이게 된 물건이 바로 자취할 때도 신세를 졌던 무인양품 제품이다. 수납장 사이즈도 제대로 재지 않고 일단 무인양품 매장으로 갔다. '이거면 되지 않을까'라는 감 하나만으로 수납 케이스를 선택했다. 그것을 집으로 돌아와서 수납장에 넣어보니 놀랍게도 사이즈가 딱 맞았다! 당시 무척 흥분했던 것을 아직도 기억한다.

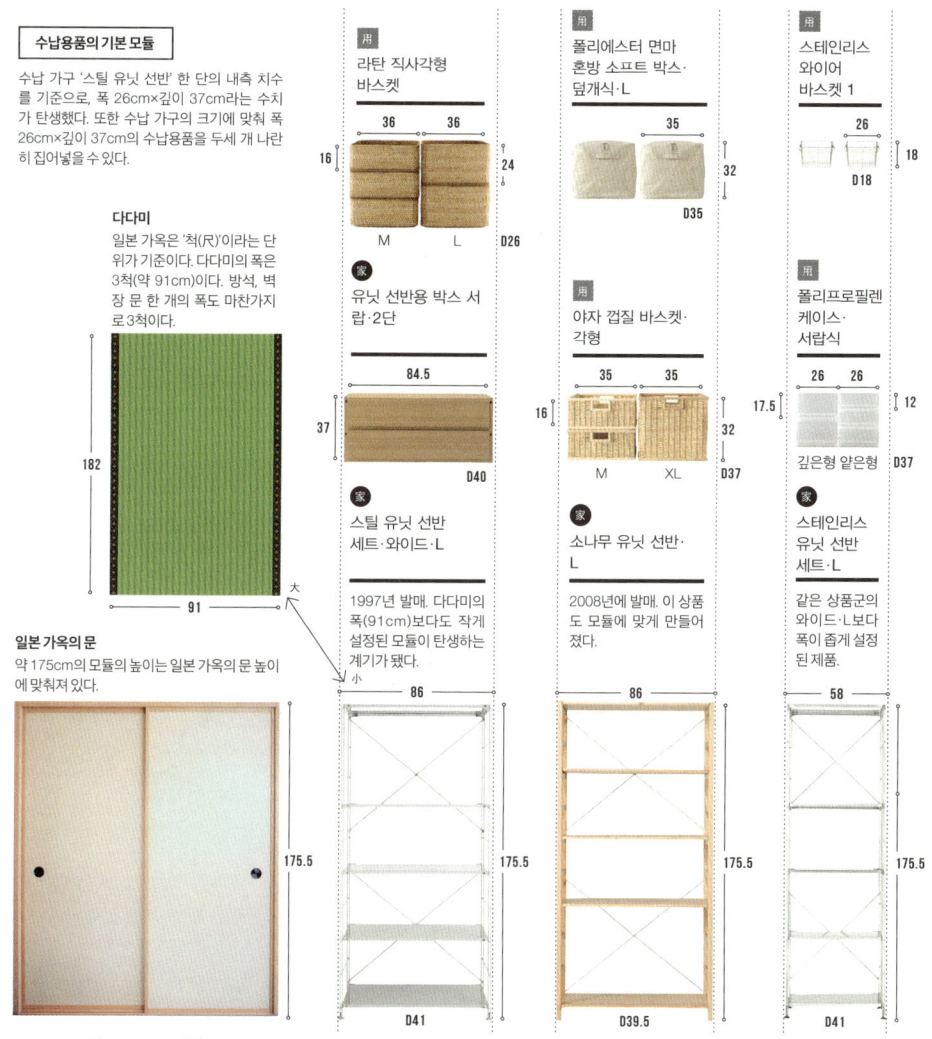

하지만 사이즈가 딱 맞았던 것은 그저 내 감이 좋아서가 아니라, 무인양품이 고민하고 또 고민한 치수(모듈) 덕분이었다. 무인양품의 수납 가구나 수납용품의 모듈은 일본의 여러 생활 공간에 대응하도록 만들어졌다. 일본의 주택에서 사용하는 '척(尺)'이라는 치수를 바탕으로 기본이 되는 모듈을 정한 것이다.(이 모듈이 처음으로 적용된 것은 스틸 유닛 선반이라고 한다. 우리 집에서도 아들의 방에서 대활약 중이다!)

이 사실은 정리수납 어드바이저 일을 시작한 이후, 무인양품의 수납용품을 다양한 가정에서 사용해 보고 나서 실제로 깨닫게 된 점이기도 하다. 대부분 집의 배치, 그리고 소지한 수납 가구와 무인양품 제품은 크기는 찰떡궁합이다.

EPISODE 03 / 물건의 치수

수납용품의 조합을 고려하기

무인양품 제품은 치수(모듈)가 정해져 있기에, 가구와 수납용품도 크기가 맞을 뿐만 아니라 수납용품끼리도 크기가 딱 맞는다.

IDEA 01

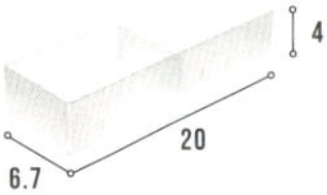

폴리프로필렌 데스크 정리 트레이 3

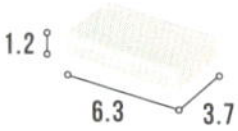

폴리프로필렌 소품 케이스·SS

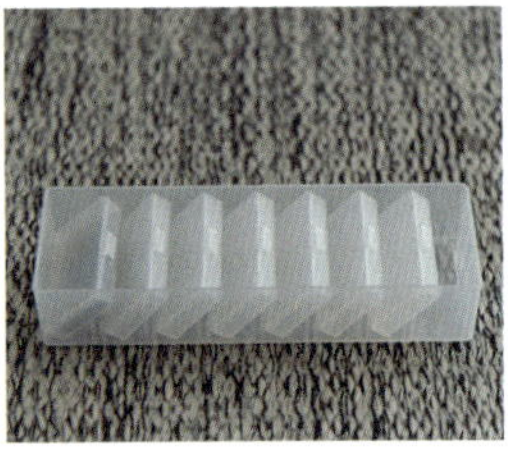

데스크 정리 트레이에 원래 나 있는 칸막이용 돌출부를 이용했다. 소품 케이스를 나란히 세워서 메모리카드 정리함으로 쓰고 있다.

IDEA 02

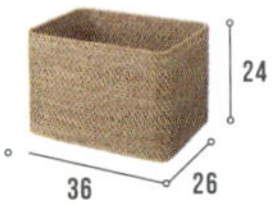

라탄 직사각형 바스켓·L

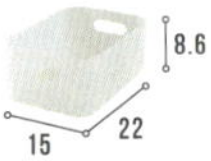

폴리프로필렌 메이크 박스·1/2(4개)

메이크 박스는 쌓아서 수납할 수 있는 편리한 제품이다. 2단으로 겹친 메이크 박스 2열을 바스켓에 넣고 장난감 상자 등으로 활용한다.

IDEA 03

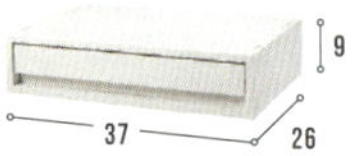

폴리프로필렌 케이스·서랍식·가로 와이드·얇은형·화이트 그레이

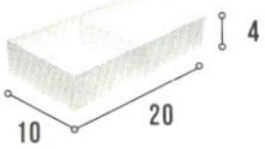

폴리프로필렌 데스크 정리 트레이 2(2개)

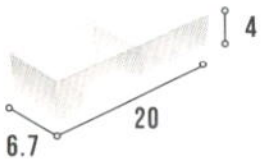

폴리프로필렌 데스크 정리 트레이 3(2개)

데스크 정리 트레이는 크기별로 네 종류가 있으므로, 조합에 따라 어떤 크기의 서랍에도 끼워서 이용할 수 있다.

IDEA 04

목제 트레이·각형

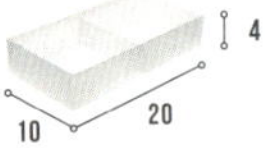

폴리프로필렌 데스크 정리 트레이 2(2개)

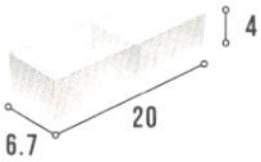

폴리프로필렌 데스크 정리 트레이 3(2개)

데스크 정리 트레이는 서랍뿐만이 아니라 커다란 목제 트레이에도 사용할 수 있다. 트레이에 맞춰서 넣으면 '옮길 수 있는 수납'의 완성!

물건을 수납하다 보면, '이 수납용품만으로는 좀 불편하네…'라는 생각이 들 때가 있다. 예를 들어 문구를 수납하기 위해 서랍을 사도 그것만으로는 서랍 안쪽이 지저분해지고 만다. 그럴 때는 서랍 안 공간을 나누기 위한 수납용품을 추가하면 된다.

이렇게 수납용품과 수납용품의 조합을 생각하며 새로운 수납 방법을 고안하는 작업을 무척 좋아한다. 마치 게임을 하는 것 같아서 무척 재미있기 때문이다. 무인양품의 수납용품은 52페이지에서 소개한 대로 치수(모듈)가 정해져 있기에, 수납용품끼리도 크기가 딱 떨어진다. 그렇기에 나에게 맞는 수납 방법을 고안할 때 든든한 내 편이 되어준다.

EPISODE 03 / 물건의 치수

치수를 잴 때 중요한 것은 '깊이'

물건의 크기나 수납공간의 넓이를 확인할 때 재는 '높이·폭·깊이'.
그중에서 가장 조절하기 어려운 '깊이'를 확실히 재야 한다.

더 높이 수납하고 싶을 때는 수납 케이스를 추가해서 겹쳐 쌓거나, 높이가 넉넉하지 않을 때는 하프 사이즈를 고르는 등 수납용품을 자유롭게 이용하여 조절할 수 있다. ㄷ자 모양 선반이나 압축봉으로 남은 공간을 제대로 활용하자.

폴리프로필렌 케이스·서랍식·얕은형·세로·화이트 그레이

폴리프로필렌 케이스·서랍식·얕은형·2개·화이트 그레이

수납공간에 맞춰서 같은 제품이라도 높이가 다른 물건을 조합해서 쓴다.

높이와 마찬가지로 와이드나 하프 사이즈 등 수납용품을 제대로 조합하면 폭도 다양하게 활용할 수 있다. 폭은 조절하면서 분류도 함께 가능한 칸막이가 스탠드나 칸막이판도 추천. 잡아빼다거나 뚜껑을 여는 등의 액션도 불필요하다.

 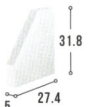

스틸 칸막이판·M

폴리프로필렌 스탠드 파일 박스·하프

꽂아둔 책의 양(폭)에 맞춰서 칸막이판을 설치했다. 이로써 좌우로 공간을 나눌 수 있다.

높이나 폭은 수납용품을 더하거나 바꿔서 조절할 수 있지만, 깊이만은 조절하기 힘들다. 그렇기에 수납을 생각할 때는 '물건의 깊이'와 '수납공간의 깊이'를 의식해야 한다.

무인양품의 폴리프로필렌 클로짓 케이스(상)는 일본 가옥의 일반적인 수납장에 딱 맞는 깊이로 만들어졌다(55cm). 의류 케이스(하)는 벽장용이기에 깊이가 더 깊다(65cm).

물건을 꺼낼 때, '앞에 있는 물건을 일일이 치운 후, 안쪽에 있는 것을 꺼내본' 귀찮은 경험이 한 번쯤은 있을 것이다. 그런 일이 일어나는 이유는 수납하는 물건과 수납 장소의 '깊이'가 맞지 않아서일지도 모른다. 나 또한 신혼 초기에 사용하던 거실 수납장이 그랬다.

물건이라는 것은 모양과 크기가 각기 다른 법이다. 그렇게 모양과 크기가 각기 다른 물건을 한 곳에 넣어두려 한 것 자체가 말도 안 되는 이야기였다. 잡지는 수납공간의 깊이가 30cm만 있어도 수납할 수 있지만, 방석은 깊이가 80cm 이상은 되어야 한다.

간단히 말하자면 신혼 때 내가 하던 수납 방식은 책장에 들어가는 물건(잡지)과 벽장에 들어가는 물건(방석)을 수납장 한 곳에 억지로 모조리 집어넣으려 한 행동이었다. 잡지는 앞과 뒤 2열로

깊이에 따라 수납할 수 있는 물건이 다르다

깊이 15cm
콤팩트하며 '장식적인 수납'도 가능한 깊이

손목시계	피규어 컬렉션
손전등	메모 패드
액세서리	필기도구
리모컨	갑 티슈
휴대전화	스프레이류
CD & DVD	거울
탁상시계	작은 그릇
액자	안경·선글라스
가정용 소화기	문고본
핸디 자루걸레	단행본(A5판형)

etc.

깊이 30cm
팔을 뻗지 않고 넣고도 뺄 수 있는 깊이

식기	주전자
조리용 볼	드라이어
축구공	파일 박스
주간지·일반 잡지	전기 포트
개킨 타월	슬리퍼

etc.

깊이 45cm
수납량을 확보할 수 있으며, 가전제품을 넣어둘 수 있는 깊이

프린터	팩스
노트북	가방
방재용 가방	개킨 의류
밥솥	오븐레인지
신발	옷걸이

etc.

깊이 60cm
팔을 뻗어야 안쪽의 물건을 꺼낼 수 있는 깊이

옷걸이에 건 의류	보스턴백
슈트 케이스	재봉틀

etc.

깊이 80cm
공간을 앞과 뒤, 위와 아래로 나눠서 생각해야 하는 깊이

이불	방석
크리스마스트리	비축용품
계절 가전	벽장용 의류 케이스
케이스에 든 일본 전통 인형	바퀴가 달린 수납 랙

etc.

수납하고, 방석은 사용의 편의성을 고려하기 전에 '어디에 넣어두면 방해가 되지 않고 눈에 띄지 않을까'밖에 생각하지 않았다. 결국 안쪽에 있는 것은 사용하지 않게 되고, 깊이가 없는 물건의 앞자리에는 공간이 생기기 마련이라 그곳에 대충 무언가를 넣어두곤 했다.

　만약 커다란 수납장이 하나밖에 없고, 그곳에 모든 것을 넣어야 한다면 사용 빈도가 낮은 것은 안쪽, 빈도가 높은 것은 앞쪽에 두는 것이 기본이다. 그리고 수납하는 물건은 깊이에 따라 나눠 생각해야 한다. 크기가 큰 것은 직접 선반 등에 올려두면 되지만, 너무 많이 쌓아두지 않도록 주의한다. 작은 물건은 서랍에 수납하는 등의 방법으로 안쪽에 있어도 꺼낼 수 있게 하면 관리하기 편하다.

EPISODE 03 / 물건의 치수

수납 방법에 맞춰서 '높이' 고르기

무인양품의 수납용품은 같은 용도라도 다양한 높이와 폭의 제품군이 갖추어져 있다.
수납공간에 맞춰서 제품을 고를 수 있을 뿐 아니라 수납 방법에 따라 여러 제품을 이용할 수도 있다.

폴리프로필렌 클로짓 케이스·서랍식

무인양품의 클로짓 케이스는 높이가 세 종류 있다(폭·깊이는 전부 동일)

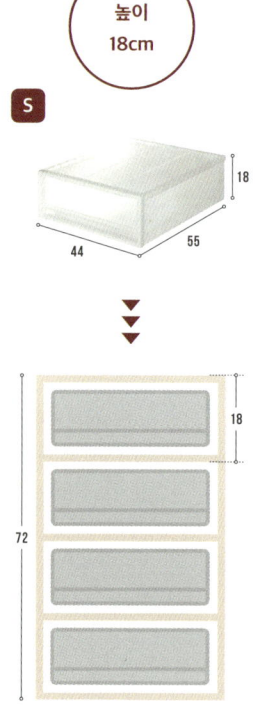

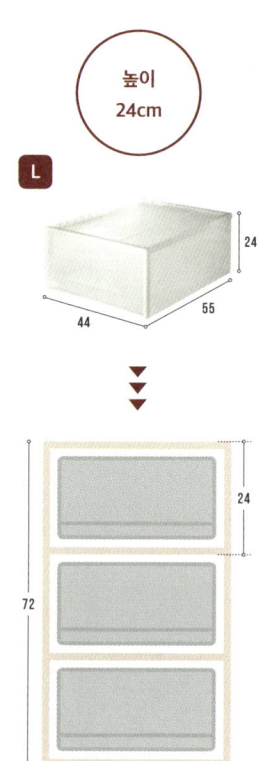

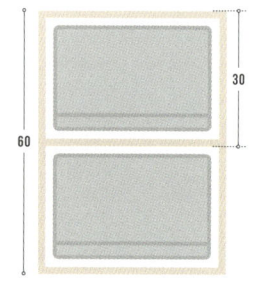

케이스 4단

하의·상의·속옷 등 종류별로 분류하여 각각 다른 서랍에 수납할 수 있다. 의류는 세워서 넣으면 높이 18cm의 케이스에도 콤팩트하게 들어간다.

케이스 3단

옷을 납작하게 접어서 넣기에 좋은 높이. 높이가 30cm일 때, 옷을 겹쳐 넣으면 아래에 있는 옷을 꺼내기 어렵지만, 24cm는 넣고 빼기도 원활하다. 세워서 넣는 수납에도 활용할 수 있다.

케이스 2단

의류를 세워서 넣으면 케이스 안 윗부분에 불필요한 공간이 생긴다. 그렇다고 납작하게 접어서 넣으면 너무 많이 들어가기에 작은 의류 수납에는 적합하지 않으므로 두툼한 의류 수납에 제격이다.

옷 개키는 법

세우기·말기

세우거나 둥글게 말면 콤팩트해지므로 높이 18cm의 케이스로도 충분히 수납할 수 있다. 겹치지 않으므로 서랍을 열었을 때 내용물을 한눈에 볼 수 있다.

높이 18cm

- 속옷
- 양말
- 얇은 셔츠
- 와이셔츠
- 티셔츠
- 바지
- 니트
- 트레이닝복
- 스웨트

납작하게 접어서 겹치기

주름이 잘 생기지 않고 옷 모양이 쉽게 망가지지 않으므로 깔끔하게 수납할 수 있다. 다만 너무 많이 겹쳐두면 너저분하고, 아래쪽에 있는 의류를 꺼내기 불편하다.

높이 18cm	높이 24cm	높이 30cm
·속옷 ·양말 ·얇은 셔츠	·와이셔츠 ·티셔츠 ·바지	·니트 ·트레이닝복 ·스웨트

당신은 옷을 어떻게 수납하고 있는가? 크게는 '거는 수납'과 '개키는 수납'이 있을 것이다. '거는 수납'이란 옷걸이에 걸어서 수납하는 방법을 가리키지만, '개키는 수납'에는 여러 가지가 있다. 내가 쓰는 방법은 '세우기·말기'. 이 방법의 장점은 뭐니 뭐니해도 콤팩트하게 수납할 수 있다는 점이다. 우리 집의 붙박이장 서랍은 높이가 14.5cm인데, '세우기·말기' 방법으로 위에서 예로 든 모든 종류의 옷을 수납하고 있다.

주름이 지거나 모양이 망가지는 것이 신경 쓰이는 사람에게는 '납작하게 접어서 겹쳐두는 방법'을 추천한다. 이때 높이가 너무 높은 케이스는 옷을 넣고 빼기 어려우므로 주의하자. 자신에게 맞는 개키는 법을 찾고, 그 높이에 맞는 수납용품을 고르기 바란다.

EPISODE 03 / 물건의 치수

높이를 지배하는 자가 수납을 지배한다

물건이 어디 있는지 알기 쉽게 수납하고 싶지만, 내용물이 보여서 지저분해 보이는 것은 싫다….
이런 사람일수록 자주 실수하는 부분이 바로 선반 높이에 딱 맞는 크기의 수납용품을 고르는 것이다.

높이 차이에 따라 서로 다르게 보이는 인상

수납 선반·2단·호두나무
D28.5(내측 치수)

파일 박스는 앞면과 뒷면 어느 쪽을 보이게 두는지에 따라 보이는 높이가 달라진다. 방문객이 있을 때는 뒷면을 바깥쪽으로 돌리는 등 상황에 맞추어 사용해 보자.

수납용품의 높이만 다를 뿐인데 보이는 모습은 이렇게나 달라진다. 쓰는 사람의 성격이나 사용 빈도, 수납하는 장소에 맞춰서 수납용품을 고르는 것이 중요하다.

높이 차이에 따라 물건을 넣고 뺄 때의 난이도가 달라진다

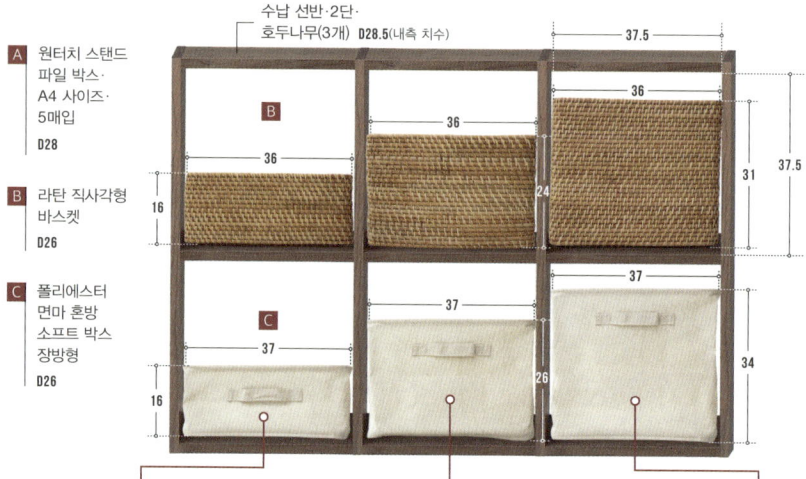

A 원터치 스탠드 파일 박스·A4 사이즈·5매입 D28

B 라탄 직사각형 바스켓 D26

C 폴리에스터 면마 혼방 소프트 박스 장방형 D26

수납 선반·2단·호두나무(3개) D28.5(내측 치수)

높이가 낮아서 수납함을 통째로 꺼내야 하는 불편함이 없고 물건을 넣고 빼기도 편하다. 다만 내용물이 보이기에 약간 지저분해 보일 수 있다.

어느 정도 높이가 있으면서 내용물도 보이는 상태. 보기에도 깔끔하고, 수납하는 물건에 따라서는 통째로 꺼내야 하는 불편함도 없다.

선반에 딱 맞는 높이. 보기에는 깔끔하지만, 무엇이 들어 있는지 알기 어렵고 물건을 넣고 뺄 때는 통째로 꺼내야 하는 불편함이 있다.

D = 깊이

폴리스티렌 칸막이

아래 사진은 우리 집 침실에 있는 체스트 서랍.
폴리스티렌 칸막이를 사용하여 남편 넥타이를 분류해서 수납하고 있다.

L — 65.5 / 11

M — 36 / 7

S — 36 / 4

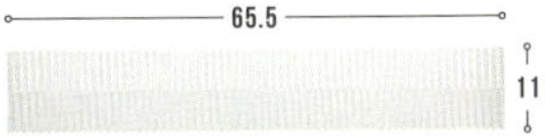

△ 칸막이의 높이는 서랍에 딱 맞지만, 물건을 넣고 뺄 때는 공간이 좁아서 답답하다.

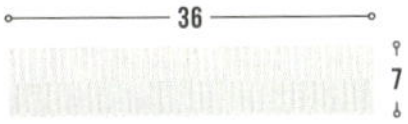

○ 칸막이가 딱 좋은 높이로 넣고 빼기 원활하다. 내용물도 깔끔하게 분류할 수 있다.

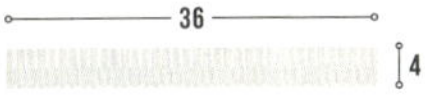

△ 칸막이보다 수납하는 물건의 높이가 더 높아서 내용물이 정돈되지 않아 필요한 것을 넣고 빼기 어려운 사태가 벌어진다.

겉으로 볼 때 깔끔한 것도 중요하지만, 실제로 사용하기 편리한지가 더 중요하다. 수납공간에 깔끔하게 정리되어 있더라도 넣고 빼기 불편하면 그 깔끔한 상태는 오래가지 못하기 때문이다.

수납하는 물건이나 수납공간의 크기를 잴 때 간과하기 쉬운 부분이 있다. 그건 수납용품 자체의 높이다. '수납'이란 '사용하는 물건을 넣고 빼기 쉽게 만드는 것'인데, 이것과 가장 밀접하게 연관된 것이 바로 수납용품 자체의 높이다.

위의 폴리스티렌 칸막이의 예를 보자. 높이가 맞지 않으면 넣고 뺄 때 불편하거나 내용물이 금세 어지러워진다. 그러나 이건 어디까지나 우리 집 서랍에 해당하는 이야기다. 자신의 집에 있는 물건과 수납공간의 크기를 가늠한 후, 어떤 높이가 최선인지를 확인해 보기 바란다.

EPISODE 04　물건의 배치

물건을 쉽게 넣고 빼는 데
가장 중요한 것은 물건의 배치

신혼 시절, 주방에서 애용하던 제품은 무인양품의 칸막이형 케이스. 무척이나 편리한 아이템인데도 제대로 활용하지 못했다는 생각이 든다.

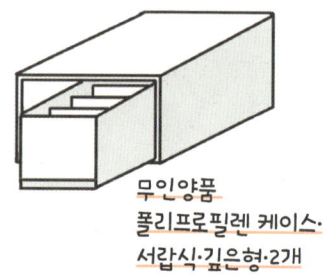

무인양품
폴리프로필렌 케이스·
서랍식·깊은형·2개

주방

난 뭐 할까?

아, 응. 그럼 자른 미역이랑 유부 좀 꺼내줄래?

식기 선반

폴리프로필렌 케이스·
서랍식·깊은형·2개

건조식품은 저 안에 있어.

알았어~

왜 그래?

뒤적

오호!

자른 미역

…. 말린 새우

아니, 어디에 뭐가 있는지 알기 쉬워서.

EPISODE 04 / 물건의 배치

수납 장소에 맞춘 배치

무엇이 어디에 있어야 편리한지, 몸에 부담을 주지 않고 넣고 뺄 수 있는지, 물건의 배치에 신경을 쓰면 하루하루의 삶이 단숨에 쾌적해진다.

DAILY	매일 사용하는 것
WEEKLY	일주일에 한 번 이상 사용하는 것

1 사용 빈도가 높은 것은 가장 넣고 빼기 쉬운 장소에 배치. 일어섰을 때 사용하는 사람의 허리에서 눈높이의 장소에 두는 것이 가장 좋다.

MONTHLY	한 달에 한 번 정도 사용하는 것
YEARLY	일년에 한 번 정도 사용하는 것

2 한 달에 몇 번밖에 사용하지 않는 것, 계절류는 ❶의 아이템을 꺼낼 때 방해되지 않는 장소에 수납한다.

FOREVER	사용하지는 않지만 남겨두고 싶은 것

3 하루하루의 삶의 방해가 되지 않는 장소에 보관하지만, 손이 닿지 않는 곳에 두면 존재 자체를 잊어버릴 수 있으므로 주의해야 한다.

CHILD	아이가 사용하는 것

4 어른이 아니라 아이가 넣고 빼기 쉬운 장소에 수납한다. 아이의 허리부터 눈높이까지 맞춘 높이로 맞추자.

식기 선반

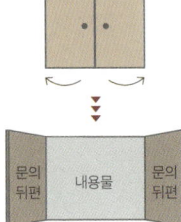

여닫이문의 수납

중앙에서 좌우로 문을 연다

우리 집의 식기 선반은 2개 모두 여닫이. 중앙에서 바깥쪽으로 향해 사용 빈도가 높은 순서로 배치한다. 아이가 스스로 넣고 뺄 수 있도록 과자는 하단에 둔다.

❶ 중에서도 특히 자주 사용하는 것을 배치

D = 김이

미닫이문의 수납

좌우에서 중앙으로 문을 연다

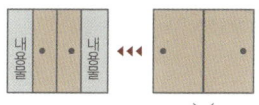

벽장 등의 미닫이문은 문을 열었을 때 바로 보이는 양옆이 가장 넣고 빼기 쉬운 장소. 좌우의 문이 겹치는 중앙이나 안쪽은 데드 스페이스가 되기 쉽다.

한쪽으로 열리는 수납

오른쪽에서 왼쪽을 향해 문을 연다

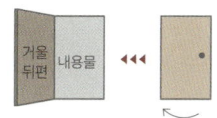

오른쪽으로 열리는 경우라면 문을 열었을 때 바로 보이는 왼쪽, 왼쪽으로 열린다면 오른쪽에 사용 빈도가 높은 것을 두자. 가운데로 갈수록 문을 활짝 열지 않으면 쓸 수 없으므로 꺼내기 어려워진다.

서랍 수납

앞쪽으로 서랍을 잡아뺀다

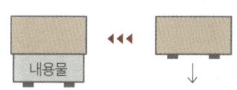

서랍은 물건을 한눈에 살펴볼 수 있도록 가능하면 겹치지 않게 수납하는 것을 추천. 열었을 때 곧바로 보이는 앞쪽의 것이 꺼내기 쉽고 뒤쪽의 것은 꺼내기 힘들어진다.

❶ DAILY · WEEKLY ❷ MONTHLY · YEARLY ❹ CHILD

다이닝룸의 선반

A
딸의 물건 ❶❷❹

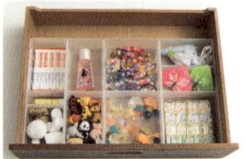

놀러 갈 때 지참하는 반창고, 장난감 등 작은 물건. 딸의 키가 자랐기에 상단에 둬도 괜찮다.

B
가족의 공유 물건 ❶❹

아들도 사용하므로 하단에. 폴리스티렌 칸막이는 서랍의 크기에 맞춰 조절할 수 있어서 편리.

C
통학용품 ❶❹

딸이 스스로 넣고 빼기 쉬운 높이에 수납한다. 여름방학 전, 학교에서 가지고 온 물건과 리코더도 함께.

D
통원·통학용품 ❶❹

유치원이나 학교에서 사용하는 손수건, 화장지, 마스크 등. 칸막이로 서랍 안을 구분하고 있다.

E
문구·앨범 ❶❹

어린이집의 추억 등 아이들의 사진을 담은 앨범은 다이닝룸에서 언제든 볼 수 있는 장소에.

F
딸의 노트·교과서 ❶❹

칸막이가 스탠드로 교과서와 노트를 세워서 보관한다. 오른쪽부터 초등학교 물건, 자습 물건, 빌린 책.

G
그림 도구 ❶❷❹

도구를 둘러싸고 싸움이 발생하지 않도록 얼굴이 프린트된 라벨을 붙여서 주인을 명확하게 나누고 있다.

H
그림 도구 ❶❷❹

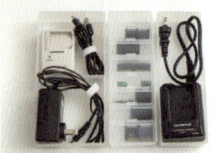

그림용 붓이나 도구, 도화지를 수납하는 코너. 딸과 아들의 물건은 각각의 서랍에.

I
잡지·책 ❶❷

다이닝룸에서 사용하는 물티슈, 핸디 자루걸레, 책 등. 만에 하나에 대비해 손전등도 넣어뒀다.

J
아들의 색연필·책·노트 ❶❷❹

안경·소품 케이스를 본체와 뚜껑으로 나누어 본체에 긴 색연필, 뚜껑에 짧은 색연필을 넣어뒀다.

K
안경·충전기/파일 ❷

카메라 본체와 충전기 및 메모리카드를 각각의 박스에 수납한다. 정리 트레이를 이용해 따로 넣어서 코드가 엉키지 않도록 했다. 메모리카드는 소품 케이스에 넣어서 세워서 보관한다. 옆의 파일에는 유치원과 초등학교의 프린트를 넣어뒀다.

A·L / 폴리프로필렌 데스크 정리 트레이 2(W10×D20×H4cm), 폴리프로필렌 데스크 정리 트레이 3(W6.7×D20×H4cm) B / 폴리스티렌 칸막이·S·5매입 (W36×D0.2×H4cm) D / 폴리스티렌 칸막이·M·5매입(W36×D0.2×H7cm) E·I / 스틸 칸막이판 M(W12×D12×H17.5cm F·J·0 / 아크릴 칸막이 스탠드 (W26.8×D21×H16cm) H / 폴리프로필렌 케이스·서랍식·가로 와이드·얇은형(W37×D26×H9cm), 얇은형(W37×D26×H12cm)

수납 선반·3단·호두나무(4개)

L
서류

상단은 배달음식 메뉴나 시에서 제공하는 소식지, 하단에는 육아 수첩이나 약 수첩 등. 인덱스를 붙였다.

M
업무 관련 물건

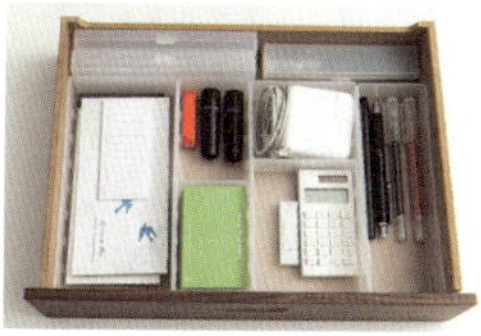

다이닝룸에서 미팅할 때 사용하는 꼭 필요한 업무 아이템을 정리 트레이에 분류, 수납했다.

N
봉투·편지지

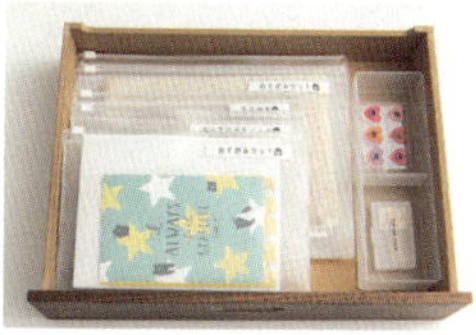

안이 보이지 투명 케이스에 엽서나 편지를 종류별로 나눠서 넣었다. 함께 사용할 우표와 스티커도 여기에.

O
충전기/아들의 유치원 가방

칸막이 스탠드에 정리 박스를 끼워 넣어 충전기와 태블릿을 분류하여 지저분해지는 것을 방지했다.

P
업무 관련 물건

미팅할 때 필요한 서류는 서랍을 열었을 때 타이틀이 보이도록 세워서 넣어뒀다.

Q
가방·모자

선반의 측면에 훅을 달아서 아이들의 에코백과 서도용 가방, 모자를 걸어서 수납.

I / LED 손전등·S(AA건전지), 미니 핸디 자루걸레·신축 타입(길이 약 34~78cm)　E·J / 폴리프로필렌 안경·소품 케이스·스탠드식·L(세로4.4×가로7×높이16cm)　K·N / 폴리프로필렌 소품 케이스·SS(세로3.7×가로6.3×높이1.2cm)　L / 폴리프로필렌 펜 케이스·S(W17×D5.1×H2cm)　N / EVA 케이스 지퍼부착·B6·A5, 폴리프로필렌 데스크 정리 트레이 3(W6.7×D20×H4cm)　O / 폴리프로필렌 정리 박스 2(W8.5×D25.5×H5cm)

선반 / 스틸 유닛 선반·추가용·캔버스·XL·그레이(높이 212.5cm 타입용), 스틸 유닛 선반·스틸 크로스 바·L·그레이(폭 84cm 타입용), 스틸 유닛 선반용 압축봉 부품·L·그레이(2개 세트), 스틸 유닛 선반·스틸 추가판·그레이(폭 84cm 타입용), 스틸 유닛 선반·사이드패널·L·라이트 그레이(L·3단 대응), 스틸 유닛 선반용·캔버스 보강 부품·그레이(폭 84cm 타입용)

❶ DAILY · WEEKLY ❷ MONTHLY · YEARLY ❸ FOREVER

컴퓨터 공간

A 문구 ❶

자주 쓰는 문구는 곧장 꺼낼 수 있는 장소에 수납한다. 패널에 마그넷 바를 달아서 포켓을 걸었다.

B 티슈·쓰레기통 ❶

데스크 위의 방해가 되지 않는 곳(컴퓨터 안쪽)에 설치. 손을 뻗으면 닿는 범위라면 편리하다.

C 안경·머리끈 ❶

안경·소품 케이스를 본체와 뚜껑을 나누어 뚜껑에는 안경 수건을 보관한다. 머리끈은 훅에 걸어서 수납한다.

D 계산기·메모장 ❶

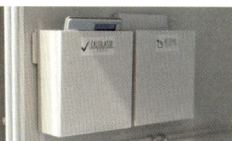

책상 위에 두면 방해가 되기에 벽면을 이용, 계산기와 메모장을 각각 포켓에 넣어뒀다.

E 각종 비품 ❷

지퍼가 달린 봉투, 라벨 실, 사진 용지, 인쇄용지 등 각종 비품은 각각 서랍에 따로 보관한다.

F 서류 ❶❷❸

업무 관련 서류를 파일 박스에. 자주 쓰는 것은 의자에 앉아서도 넣고 뺄 수 있는 높이에 배치했다.

G 손목시계 ❶

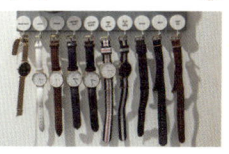

자석 훅에 손목시계를 걸어서 보이게 수납했다. 라벨링을 해서 위치를 정해둔다.

H 책·청소용품 ❷

무거운 책은 아래의 파일 박스에. 위쪽의 데드 스페이스를 살려서 마루자루걸레를 수납.

K 각종 비품 ❶

I 문구 ❶❷

정리 트레이를 조합해서 작은 물건을 분류. 패키지에서 꺼내면 콤팩트하게 정리할 수 있다.

J 카드 등 ❶❷

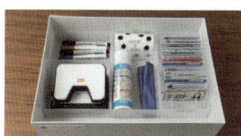

증명서 등의 카드는 겹치지 않고 스탠드 수납. 칸막이를 설치하여 카드를 세워두고 있다.

아래쪽 서랍에는 봉투나 클리어 파일 등 업무 관련 비품 및 일용 잡화를 보관한다.

A / 마그넷 바(W19×D0.4×H3cm), 폴리프로필렌 파일 박스용 펜 포켓(W4×D4×H10cm), 폴리프로필렌 파일 박스용 구분 포켓(W9×D4×H5cm), 미니 핸디 자루걸레(길이 33cm)　B / 폴리프로필렌 더스트 박스·미니(약 0.9ℓ)(W7×D13.5×H14cm), 아크릴 탁상용 티슈 박스(W14×D11.5×H7cm)　C / 폴리프로필렌 안경·소품 케이스·스탠드식·L(세로4.4×가로7×높이16cm), 스테인리스 걸 수 있는 와이어 클립·4개입(W2×D5.5×H9.5cm), ABS 마그넷 부착 클립(지름 약 4cm)　D / 폴리프로필렌 파일 박스용 포켓(W9×D3×H10cm)　E / 폴리프로필렌 케이스·서랍식·얇은형·세로 와이트 그레이(W26×D37×H9cm)　F / 펄프 보드 북스 · 슬림·5단·베이지(W25×D29×H180cm), 폴리프로필렌 스탠드 파일 박스·하프(W5×D27.4×H31.8cm), 재생지 2홀 파일·파이프식·A4·50mm·다크 그레이, 폴리프로필렌 스탠드 파일 박스·A4 사이즈·화이트 그레이(W10×D27.6×H31.8cm)　G / 알루미늄 훅·마그넷 타입·S·3개입(W3.5×H5cm)　H / 폴리프로필렌 스탠드 파일 박스·A4 사이즈·화이트 그레이(W10×D32×H24cm), 폴리프로필렌 파일 박스·스탠더드 타입·1/2·화이트 그레이(W10×D32×H12cm), 마루 자루걸레(W25×D10×H16.5cm)※몸을 장착해서 사용, 마루 자루걸레·드라이(W29×D16×두께2.5cm)　I / 폴리프로필렌 케이스·서랍식·가로 와이드·얇은형·화이트 그레이(W37×D26×H9cm)　J / 폴리프로필렌 케이스·서랍식·가로 와이드·얇은형·화이트 그레이(W37×D26×H12cm)

무인양품의 위생용품과 나

우리 집 세면대에 모여 있는 무인양품의 위생용품들. 심플한 디자인이기에 늘어두기만 해도 깔끔하다.

치약
120g

요즘은 색과 디자인이 다양한 치약이 많은데, 무인양품의 제품은 무척이나 심플하다. 꺼내두고 누군가에게 보여주고 싶은 치약이다.

아크릴 탁상용
티슈 박스

콤팩트해서 집 안 여기저기에 놔뒀다. '티슈라는 게 딱히 크지 않아도 편리하네'라고 깨닫게 해준 상품.

물티슈
80매입

두툼하고 사용하기 편리할 뿐 아니라 심플한 디자인의 패키지도 매력적이다. 케이스에 넣지 않고 밖에 꺼내둬도 튀지 않는다.

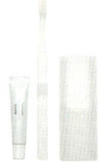

휴대용
칫솔 세트

접이식 칫솔과 치약 세트(케이스 있음). 워낙 콤팩트해서 업무를 보러 외출할 때는 파우치에 상비한다.

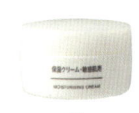

A   B   C   D   E

A. 민감 피부용 클렌징 오일·200㎖

B. 민감 피부용 약용 미백 화장수·200㎖

C. 민감 피부용 약용 미백 로션·150㎖

D. 민감 피부용 약용 미백 에센스·50㎖

E. 민감 피부용 보습 크림·50g

나는 아토피성 피부라 화장품이 맞지 않으면 금방 피부가 새빨개진다. 다양한 상품을 시도해봤지만 좀처럼 맞지 않아서 우울해하던 차에 발견한 것이 무인양품의 민감 피부 시리즈. 트러블도 없어서 벌써 몇 년째 애용 중이다. 가격도 그리 비싸지 않아 좋다.

CHAPTER 03

육아·이사

무인양품은
대단해

EPISODE 05　수납용품 고르는 법

쇼핑에 실패하지 않는 수납용품 특징의 이해

결혼 1년 차에 우리 부부는 커다란 변화를 맞이했다. 바로 아이가 생긴 것이다!

집을 지을 때 준비해 둔 아이 방이 있었기에, 임신을 기점으로 육아용 방으로 만들어 이용하기 위해 본격적인 준비를 시작했다.

첫 출산을 앞두고 두근두근했던 나.

아기용 침대와 아기 옷, 젖병, 기저귀, 기타 등등. '이건 필요하다' '있으면 편리하다' 라고 육아서에 적혀 있던 물건은 일단 전부 사들였다(결국 쓰지 않은 것도 많다).

수납용품으로는 기저귀와 물티슈, 위생용품을 넣기 위해 무인양품에서 케이스를 샀다.

지난 이야기에서 주방의 식기 선반에 넣었던 것과 똑같은 폴리프로필렌 케이스·서랍식·깊은형으로 말이다.

이쯤 오면 슬슬 눈치챈 사람도 있을지 모르겠다.

지금까지 내가 산 수납 케이스는 전부 '폴리프로필렌' 소재다. '폴리프로필렌'이라고 하면 '물에 젖어도 문제없고' '내용물이 훤히 보이는' 등의 장점이 있지만, 당시의 나는

정도의 단순한 생각밖에 없었다….

EPISODE 05 / 수납용품 고르는 법

수납용품을 사기 전에 고려할 점

'빨리 정리하고 싶다'라는 마음만 앞서서 수납용품을 서둘러 사버리는 사람이 많다.
집 꾸미기를 즐기려면 정리와 수납에 대한 초조함을 버려야 한다.

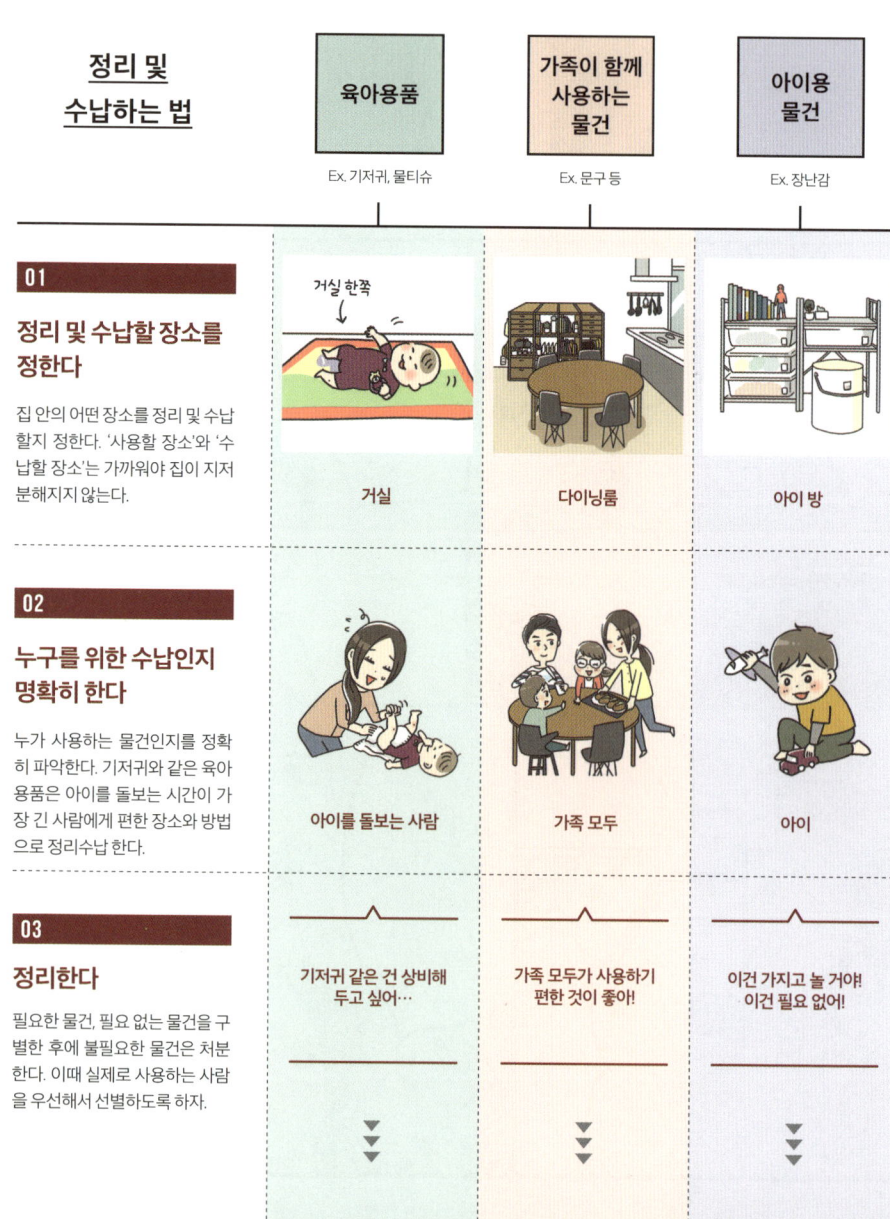

정리 및 수납하는 법

	육아용품 Ex. 기저귀, 물티슈	가족이 함께 사용하는 물건 Ex. 문구 등	아이용 물건 Ex. 장난감
01 정리 및 수납할 장소를 정한다 집 안의 어떤 장소를 정리 및 수납할지 정한다. '사용할 장소'와 '수납할 장소'는 가까워야 집이 지저분해지지 않는다.	거실	다이닝룸	아이 방
02 누구를 위한 수납인지 명확히 한다 누가 사용하는 물건인지를 정확히 파악한다. 기저귀와 같은 육아용품은 아이를 돌보는 시간이 가장 긴 사람에게 편한 장소와 방법으로 정리수납 한다.	아이를 돌보는 사람	가족 모두	아이
03 정리한다 필요한 물건, 필요 없는 물건을 구별한 후에 불필요한 물건은 처분한다. 이때 실제로 사용하는 사람을 우선해서 선별하도록 하자.	기저귀 같은 건 상비해 두고 싶어…	가족 모두가 사용하기 편한 것이 좋아!	이건 가지고 놀 거야! 이건 필요 없어!

04
물건의 양과 크기를 파악한다

수납하는 물건을 종류별로 나눈 후, 각각 양과 크기를 확인하면 효율을 높일 수 있다.

 기저귀 물티슈

 젖병 등 의류

 펜 편지지 세트

청소용품 달력

 선로·전철 장난감

 카드 게임 인형

05
공간의 크기를 잰다

수납하는 장소의 크기를 잰다. 넣고 뺄 때 필요한 동작 치수도 잊지 말자(98페이지 참조).

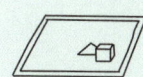 아이용 공간의 넓이

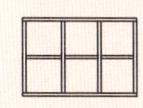 선반 크기

 서랍 크기

06
수납 방법을 생각한다

사용하는 사람이 넣고 빼기 편한 방법을 찾는다. 세우기, 걸기, 쌓기? 분류는 뭉뚱그려서, 세세하게?

 케이스를 쌓아서 수납

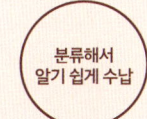 분류해서 알기 쉽게 수납

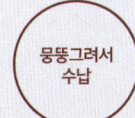 뭉뚱그려서 수납

07
수납 방법에 맞는 수납용품을 고른다

사용하는 사람, 공간에 맞는 소재나 유형의 수납용품을 고른다. 뚜껑이 있는 것? 내용물이 보이는 것?

 안이 투명하게 보이는 것

 칸막이로 나눠서 분류할 수 있는 것

 소재가 안전하고 옮기기 쉬운 것

    정리를 통해 필요 없는 물건을 없애면 방이 깔끔해질 뿐만이 아니라 마음 또한 개운하다. 물건, 그리고 나 자신과 제대로 마주한 후에는 이상적인 공간 만들기와 직접 연관되는 '아이템 고르기'가 기다리고 있다.

    나는 주로 무인양품의 카탈로그를 옆에 두고 정리와 수납을 한다. '이런 느낌의 방을 꾸미고 싶어' '이 수납용품을 사용하고 싶어' 등등. 카탈로그를 보면서 그런 것을 생각하다 보면 자연스레 긍정적인 마음을 먹을 수 있다. 여러분도 이상적인 공간을 떠올리면서 두근거리는 마음으로 자신에게 맞는 페이스로 정리수납을 실천하라고 권하고 싶다. 서두르지 않아도 좋다. 걷든 뛰든 도착하는 지점은 같으니까.

EPISODE 05 / 수납용품 고르는 법

수납 방법을 고려하기

수납용품을 고를 때는 사용하는 사람이나 장소에 맞는 수납 방법을 생각해야 한다.
어떤 상태로 수납하면 편리한지 다양하게 시도해 보고 최적의 아이템을 골라보자.

☞ 195페이지의 분류표를 CHECK!

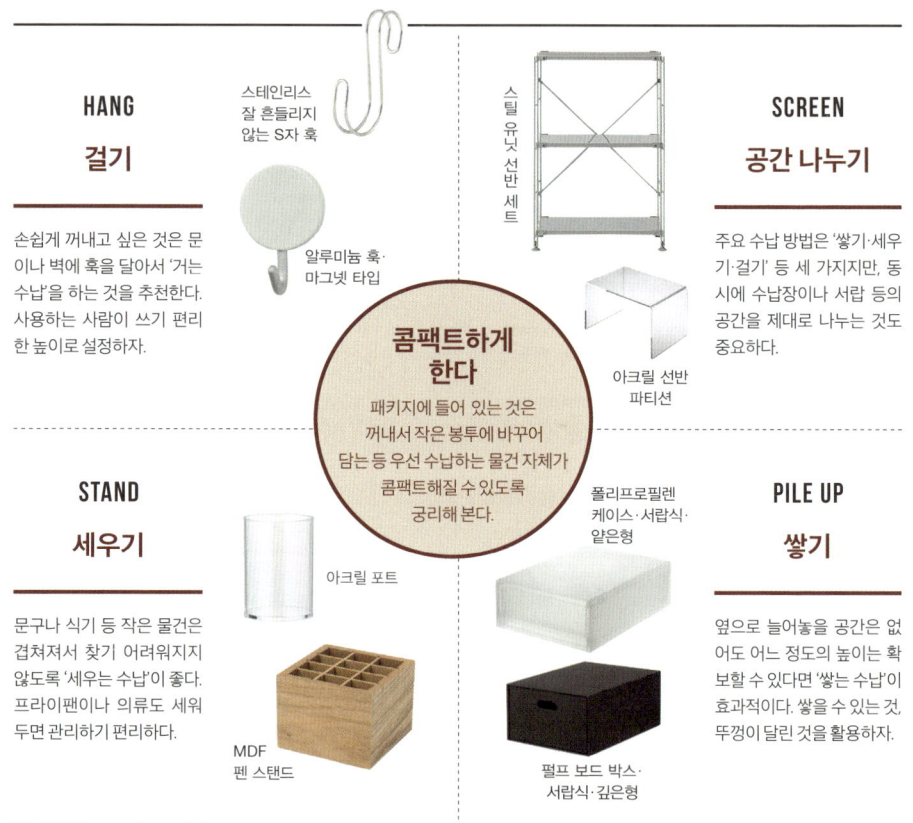

HANG 걸기
손쉽게 꺼내고 싶은 것은 문이나 벽에 훅을 달아서 '거는 수납'을 하는 것을 추천한다. 사용하는 사람이 쓰기 편리한 높이로 설정하자.

스테인리스 잘 흔들리지 않는 S자 훅

알루미늄 훅·마그넷 타입

SCREEN 공간 나누기
주요 수납 방법은 '쌓기·세우기·걸기' 등 세 가지지만, 동시에 수납장이나 서랍 등의 공간을 제대로 나누는 것도 중요하다.

스틸 유닛 선반 세트

아크릴 선반 파티션

콤팩트하게 한다
패키지에 들어 있는 것은 꺼내서 작은 봉투에 바꾸어 담는 등 우선 수납하는 물건 자체가 콤팩트해질 수 있도록 궁리해 본다.

STAND 세우기
문구나 식기 등 작은 물건이 겹쳐져서 찾기 어려워지지 않도록 '세우는 수납'이 좋다. 프라이팬이나 의류도 세워두면 관리하기 편리하다.

아크릴 포트

MDF 펜 스탠드

PILE UP 쌓기
옆으로 늘어놓을 공간은 없어도 어느 정도의 높이는 확보할 수 있다면 '쌓는 수납'이 효과적이다. 쌓을 수 있는 것, 뚜껑이 달린 것을 활용하자.

폴리프로필렌 케이스·서랍식·얕은형

펄프 보드 박스·서랍식·깊은형

정리수납의 정답은 사용하는 사람 본인만 알 수 있다. 물건의 가치는 각기 다르며 어떤 상태일 때 넣고 빼기 편한지도 사람마다 다르기 때문이다.

'자신에게 맞는 수납'을 생각할 때는 우선 그 '물건' 자체가 지금보다 콤팩트해질 수는 없는지 생각하자. 콤팩트하게 만듦으로써 공간의 활용은 물론 수납 방법의 선택지를 늘리고 사용할 때 넣고 빼기가 편해진다.

특히 가전제품의 경우, 대부분 포장재가 들어 있는 상태로 패키지화되어 있기에 상자 자체가 본체보다 훨씬 크다. '처음부터 상자에 들어 있었으니까 그대로 상자에 넣어서 수납'하고 있다면, 큰맘 먹고 한번 상자를 버려보자.

두루마리 휴지

화장실 안 수납 장소에 봉지째 보관할 공간이 없기에, 포장지에서 꺼내서 1층과 2층의 화장실에 각기 나눠서 수납하고 있다.

일회용 반창고

EVA 클리어 케이스

포장 상자에서 꺼내어 EVA 클리어 케이스에 옮겨 담는다. 안약이나 소독약 등 같은 수납 장소에 넣는 물건도 EVA 클리어 케이스에 넣으면 수납공간을 최소한으로 줄일 수 있다.

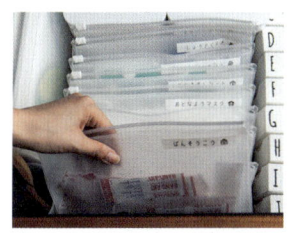

카드 게임

구분 주머니·
아소트 타입·
4가지 사이즈·11매입

포장 상자에서 꺼내서 주머니에 옮겨 담는다. 아이가 정리할 때 카드를 모아서 원래의 박스에 담는 것보다 주머니에 모아서 집어넣는 편이 훨씬 편하다.

케이스를 옆으로 늘어놓으면 통로를 방해하므로 위로 쌓았다. 자취할 때의 벽장, 결혼하고 난 후의 신혼집 수납장에서도 케이스는 쌓아서 사용했다.

가전제품뿐만 아니라 상자를 남겨두고 있는 이유가 '필요한 정보가 상자에 적혀 있어서' '유통기한을 알 수 없어지니까'인 경우에는 라벨링을 추천한다. 라벨링이라는 불편함과 수고스러움을 더함으로써 '공간'이라는 귀중한 보수를 얻을 수 있다.

콤팩트하게 만들었다면 남은 것은 '쌓기' '세우기' '걸기'라는 수납 방법 중 사용하는 본인에게 어떤 것이 가장 편한지를 고민하는 것뿐이다.

EPISODE 05 / 수납용품 고르는 법

소재를 고려하기

싱크대 밑 수납장은 습기가 많기에 펄프 보드(골판지)로 된 수납용품은 적합하지 않다.
이처럼 장소나 사용하는 사람에 따라 각기 맞는 소재가 다르다.

☞ 199페이지의 분류표를 CHECK!

범용	튼튼함	튼튼함	천연
폴리프로필렌 ▶ 200페이지 참조	스테인리스 ▶ 205페이지 참조	함석 ▶ 205페이지 참조	물푸레나무
가벼움	튼튼함	가벼움	가벼움
골판지 ▶ 206페이지 참조	아크릴 ▶ 204페이지 참조	폴리에스터 면마 혼방 ▶ 206페이지 참조	ABS 수지
천연	천연	가벼움	물에 강함
라탄 ▶ 205페이지 참조	야자 껍질 ▶ 205페이지 참조	부직포 칸막이 케이스 ▶ 205페이지 참조	폴리에틸렌

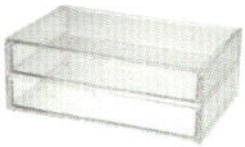

내가 육아용품을 수납할 때 사용하던 폴리프로필렌 제품. 가벼워서 들고 옮기기 쉬우며 방 안에서 이동하기도 편리해서 애용했다.

　나 또한 정리수납을 배우기 전까지는 '취향'이나 '겉모습'만으로 수납용품을 고르기도 했다. 하지만 '소재'도 잊어서는 안 될 중요한 요소다.

　수납용품의 소재는 '사용하는 사람'과 '수납할 공간'이 잘 맞는 제품을 고를 것. 무인양품에는 폴리프로필렌과 아크릴, 펄프 보드 등 다양한 소재가 갖추어져 있다. 각각의 특징을 파악하고 사용하는 사람과 공간에 맞는 것을 골라야만 오랫동안 아끼며 사용할 수 있다.

EPISODE 05 / 수납용품 고르는 법

유형을 고려하기

물건을 넣고 뺄 때 '뚜껑 열기' '서랍을 당겨 빼기'와 같은 동작이 적으면서 내용물이 보이는 유형의 수납용품일수록 편하게 넣고 뺄 수 있다.

☞ 207페이지의 분류표를 CHECK!

내용물이 보임 동작 없음	내용물이 보임 동작 있음	내용물이 보이지 않음 동작 없음	내용물이 보이지 않음 동작 있음
폴리프로필렌 메이크 박스·1/2	아크릴 소품 수납 박스· 3단	라탄 직사각형 바스켓·L	폴리에스터 면마 혼방 소프트 박스·덮개식·L
적합한 사람	**적합한 사람**	**적합한 사람**	**적합한 사람**
겉모습보다 사용의 편의성을 우선하는 사람	겉모습보다도 물건을 보이는 상태로 두고 싶은 사람	겉모습을 중시하지만 편하게 수납하고 싶은 사람	겉모습을 중시하기에 내용물을 보여주지 않고 깔끔하게 수납하고 싶은 사람
어찌 됐든 편하게 수납하고 싶은 사람			
노인·아이			
수납에 적합한 물건	**수납에 적합한 물건**	**수납에 적합한 물건**	**수납에 적합한 물건**
존재를 잊고 싶지 않은 것	존재를 잊고 싶지 않은 것	곧바로 꺼내고 싶은 것	먼지가 쌓이는 것을 방지하고 싶은 물건
곧바로 꺼내고 싶은 것	먼지가 쌓이는 것을 방지하고 싶은 것	숨기고 싶은 것	오랫동안 보관하고 싶은 물건
굳이 보여주고 싶은 것	장기보관하고 싶은 것		숨기고 싶은 것
	굳이 보여주고 싶은 것		

육아용품용 폴리프로필렌 케이스는 반투명하게 내용물이 보이는 유형. 안이 너무 확실히 보이면 지저분할 수 있지만, 얼핏 보이는 정도라면 거실에 놔도 크게 거슬리지 않는다.

'누굴 위한 수납인가' '무엇을 수납하는가'가 명확하면 어떤 유형의 수납용품을 고르는 것이 최선인지 알 수 있다.

특히 '누굴 위한 수납인가'를 생각하는 것은 중요하다. 예를 들면 어린아이는 뚜껑이 있는 것만으로도 '귀찮다'라고 느낄 수 있다. 고령자는 내용물이 보이지 않으면 그 수납을 제대로 활용하지 못할 때도 있다. '유지할 수 있는 수납'을 위해서는 사용하는 사람에게 맞는 유형을 고르는 것이 필수다.

EPISODE 06 정리하기·중급편

물건이 쌓이지 않는 구조 만들기

생활하다 보면 물건이 늘어나기 마련이다. 내가 처분하기 가장 힘들었던 물건은 아이 옷이었다. 하나같이 추억이 담긴 옷들이라 처분하기가 어려웠다….

EPISODE 06 / 정리하기·중급편

물건의 임시 피난소 만들기

정리하다 보면 처분할지 말지 고민되는 물건이 항상 나오곤 한다. 어쩔지 고민하느라 시간만 소요하면 '정리수납은 역시 귀찮다'라고 느끼게 된다.

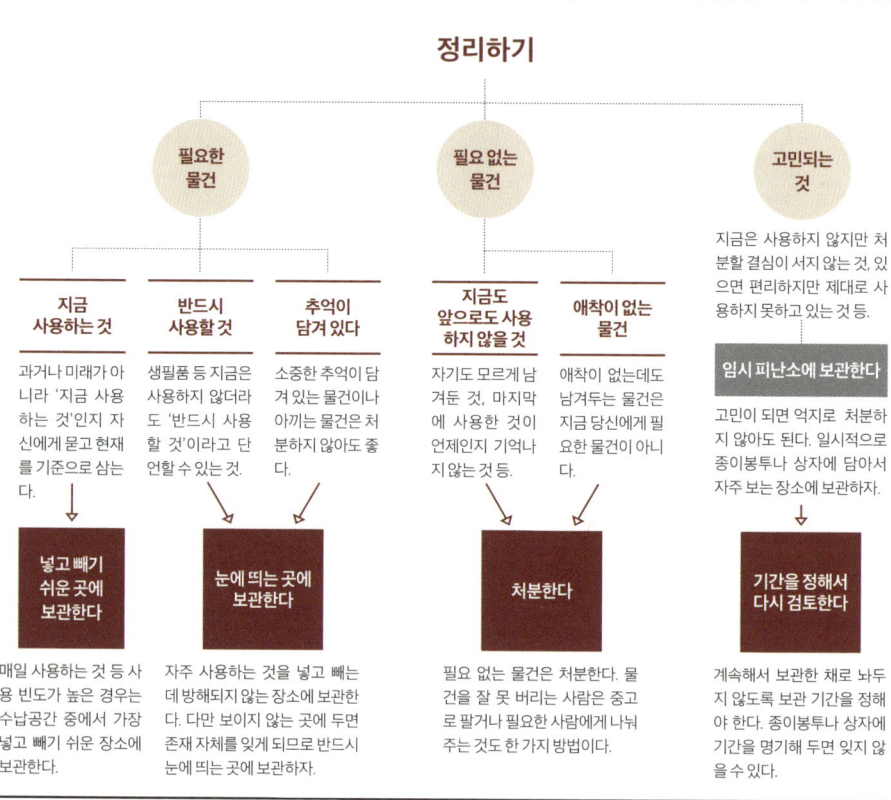

처분할지 말지 고민될 때는 꼭 한번 '물건의 임시 피난소'를 만들어보자. '지금 사용하지 않고 딱히 애착이 있지도 않다. 그래도 지금 당장 필요 없다고 판단할 수도 없는' 물건을 일시적으로 종이봉투나 상자에 피난시킨다.

나 또한 물건을 잘 버리지 못하는 성격인데, 물건의 임시 피난소를 마련함으로써 정리수납이 훨씬 원활해졌다. 아이들도 물건을 정리하고 재검토할 때 '꼭 버려야만 하는 건 아니다, 남겨둬도 된다'라고 안심하는 것 같다.

단, 이 임시 피난소를 만들 때는 중요한 규칙이 있다. 바로 '피난소를 너무 많이 만들지 말 것' '평소에 눈에 잘 띄는 곳에 두고 기간을 정해서 반드시 재검토할 것'이다.

> 정리수납의 예시

의류(물려줄 것)

둘째를 낳고 싶었기에 개인적으로 정리수납에서 가장 골치를 앓은 물건이 바로 아이 옷이었다. 당시 나는 '케이스에 들어가는 만큼'을 규칙으로 정하고 상태가 좋은 의류를 한곳에 모아뒀다. 하지만 분류해서 남겨두는 편이 정작 필요할 때 찾아다니는 번거로움을 없앨 수 있다.

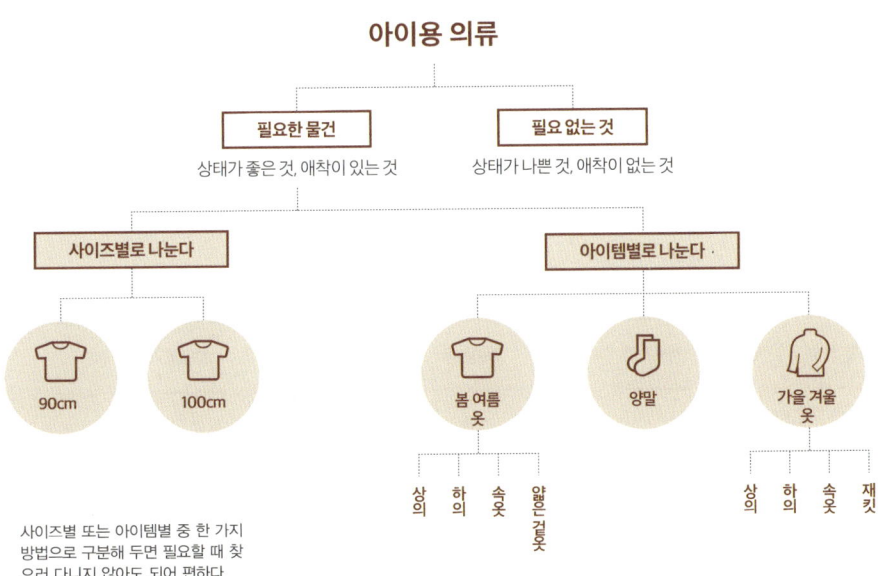

사이즈별 또는 아이템별 중 한 가지 방법으로 구분해 두면 필요할 때 찾으러 다니지 않아도 되어 편하다.

서랍에 수납한다

시즌별, 아이템별 또는 사이즈별로 케이스에 보관할 때는 칸막이를 사용해서 분류하자. 부직포 칸막이 케이스는 넣는 물건에 맞춰서 높이를 바꿀 수 있어서 편리하다.

상/폴리프로필렌 클로짓 케이스·서랍식·S

하/높이 조절 부직포 칸막이 케이스·M·2매입

상자에 수납한다

임시 피난소와 마찬가지(90페이지 참조)로, 다른 물건을 넣고 빼는 데 방해되지 않는 곳에 보관한다. 먼지가 쌓이는 것을 방지할 수 있는 뚜껑 달린 상자를 추천한다.

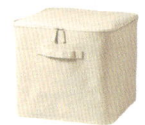

폴리에스테르 면마 혼방 소프트 박스·덮개식·L

EPISODE 06 / 정리하기·중급편

잘 쌓이는 물건 파악하기

처분하지 못해서 물건이 늘어나기도 하지만, 때로는 자신도 모르게 쌓이는 물건도 있다.
이런 물건은 '사용하지 않고 방치하는 물건=필요 없는 물건'이 되기에 십상이다.

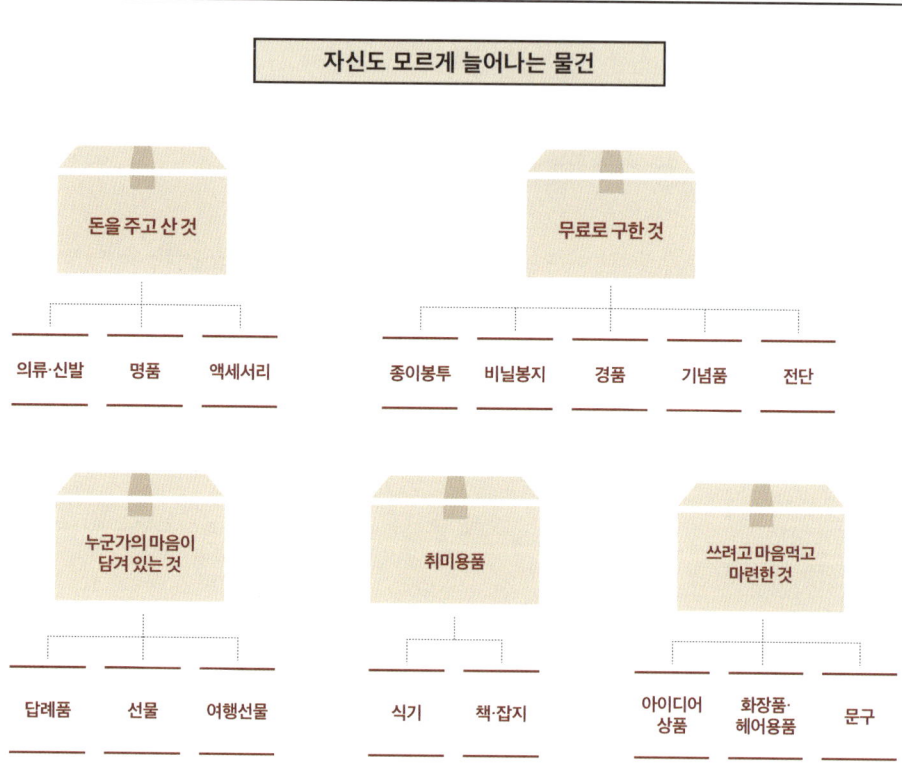

    샘플이나 전단, 여행 기념품 같은 것이 어느새 늘어나서 수납공간에 넘쳐날 때가 있다. 실은 이런 '잘 쌓이는 물건'도 세세하게 분류할 수 있다.
    우선 자신이 어떤 물건을 잘 쌓아두게 되는지, 그 경향을 아는 것이 중요하다. 쌓이기 쉬운 물건은 다시 검토하고 정리할 기회를 만들도록 하자.
    '가지고 있으면 번거롭거나 방해가 된다'고 느끼는 물건은 필요하지 않은 물건이다. 물건을 남겨둘 공간을 유지하는 것에도 비용이 드는 법이다. 물건을 사용하지 않고 방치하는 것이 가장 아까운 일이라는 것을 알아야 한다. 필요 없는 물건을 처분한 만큼 주거 공간이 늘어나고, 좋아하는 것에만 둘러싸인 이상적인 삶으로 이어진다.

정리수납의 예시

종이류

정리나 관리가 어려운 것 중 1위는 인쇄물이나 영수증 등의 종이류다. 종이류는 적힌 내용을 눈으로 확인하지 않으면 버려야 할지 아닐지를 판단할 수 없다. 쌓아둘수록 정리에 시간과 노력이 필요하므로 가능한 쌓이지 않게 하는 시스템을 만들어야 한다.

종이류

EVA 케이스·
지퍼부착·B6

엽서 사이즈
소식지나 카드 등 엽서 사이즈의 종이류는 종류별로 지퍼백에 나눠서 보관한다. 내용물이 투명하게 보이는 EVA 케이스를 추천한다.

A4 사이즈
가정에서 늘어나기 쉬운 A4 사이즈의 종이류는 많다. 분류하기 전에 남겨둘 필요가 없는 전단이나 정보가 오래된 것은 처분하자.

학교에서 나눠준 인쇄물
기간이 지난 안내문, 한 번 읽으면 되는 인쇄물은 처분하자. 남은 것은 아이용과 어른용으로 분류한다.

취급설명서 보증서
취급설명서는 거실, 주방 등 장소별로 분류한다. 2홀 링 파일에 모아두면 찾아보기 편하다. 보증서도 클리어 포켓에 넣어서 함께 파일별로 분류하자.

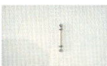

좌/폴리프로필렌 2홀 파일·링식·
A4 사이즈·2홀·30mm

우/리필 클리어 포켓·A4·30홀·
15매입

중요한 서류
비밀번호가 적힌 것 등 중요한 서류는 분류해서 커다란 파일 박스에 모아서 보관한다.

좌/재생지 페이퍼 홀더·
A4사이즈·5매입

우/폴리프로필렌 파일 박스·스탠더드 타입·와이드·A4 사이즈

전단
남겨두고 싶은 배달 메뉴 전단이나 쿠폰은 파일 박스에 모아둔다. 하프 사이즈를 이용하면 전단이 쌓이는 것을 방지할 수 있다. 최신판이 생기면 예전 것과 바꾸자.

폴리프로필렌 스탠드 파일 박스·하프

아이용
수업 때 나온 인쇄물이나 시험지는 세세하게 나누면 관리가 힘들어진다. 집에 가져온 순서대로 2홀 파일에 모아두고, 아이가 필요 없다고 판단한 것은 찢어서 버리면 된다.

재생지 2홀 파일·
파이프식·
A4·50mm

어른용

제출기한이 없는 서류
연락망이나 순찰표, 참관수업 안내 등 보호자용 인쇄물도 2홀 파일에 정리하고 필요 없어지면 처분한다.

재생지 2홀 파일·
파이프식·
A4·50mm

제출기한이 있는 서류
소풍이나 운동회 알림, 모금에 관한 것 등 제출기한이 있는 프린트는 클리어 파일에 넣어서 눈에 띄는 장소에 보관한다.

폴리프로필렌
클리어 케이스·
A4 사이즈·10매입

EPISODE 07

동작 치수·동작 공간

넣고 뺄 때 필요한 공간 치수 재기

↑ 무인양품
폴리프로필렌 케이스·
서랍식·깊은형

무인양품은 일본의 일반적인 주택에 맞는 크기로 만들어져 있기에 옆으로 늘어놓거나 쌓으면서 방 구조에 맞춰 배치할 수 있다.

이사를 하며 무인양품 수납용품의 편리함을 새삼스럽게 실감했다.

동시에 넣고 빼기 편한 공간을 생각하는 것도 중요하다는 점을 몸소 깨달았다.

EPISODE 07 / 동작 치수·동작 공간

동작 치수·동작 공간을 고려하기

가구나 수납용품을 새로 설치할 때, 수납 장소의 치수를 재는 것이 기본이다.
이때는 넣고 빼는 동작을 고려한 '여유 공간'을 생각해야 한다.

인체 치수

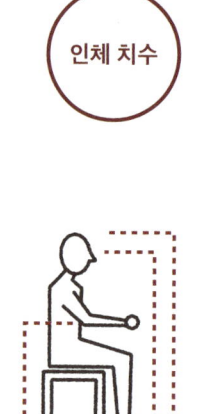

사람이 움직이지 않고 가만히 있을 때의 치수. 즉, 키나 팔의 길이 등 인체 그 자체의 치수를 말한다. 나이나 민족에 따라 인체 치수는 달라진다.

동작 치수

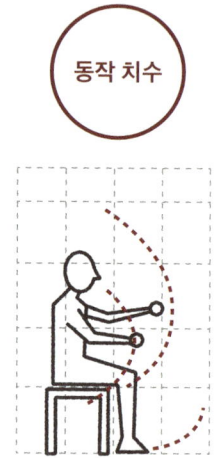

인체 치수에 키나 팔다리의 동작을 더한 범위(공간 영역)를 말한다. 테이블이나 책상 등의 가구를 구매할 때, 동작 치수를 고려해야 한다.

동작 공간

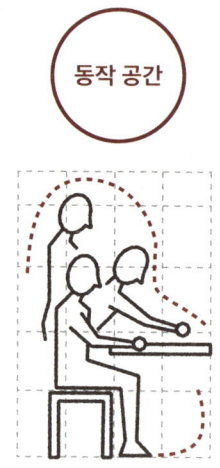

동작 치수에 가구의 크기와 움직이기 편한 여유 공간을 더한 범위(공간 영역)를 말한다. 실내에 가구 배치를 할 때는 동작 공간을 고려해야 한다.

자료 제공(p96~99): 일반사단법인 일본 수납 플래너 협회, 동작 치수·동작 공간의 단위:mm

    정리수납 어드바이저 자격을 취득한 후, 공간 만들기에 관해 더 많이 알고 싶어졌다. 그래서 다양하게 조사하다가 알게 된 것이 바로 '거주 공간 수납 플래너'라는 자격이다.
    거주 공간 수납을 배우던 중 '공간 만들기를 할 때 생각해야 하는 것은 무엇인가'를 알게 됐다. 그것이 '동작 치수'와 '동작 공간'이다. 동작 치수란 사람의 팔다리나 몸이 움직이는 범위를, 동작 공간이란 동작 치수에 가구 등의 크기와 여유 공간을 더한 범위를 말한다.
    동작 치수와 동작 공간을 생각하는 것은 방에 맞는 크기의 가구를 선택할 때나 가구의 배치를 정할 때 도움을 주며 수납 방식에도 크게 영향을 끼친다. 반대로 그것을 생각하지 않고 공간을 만들면 '어딘지 모르게 불편하다'라고 느끼게 될 것이다.

문 열기

문을 열 때 아래 그림처럼 문이 열리는 쪽에 공간(당겨서 여는 문이라면 내측, 밀어서 여는 문이라면 외측)이 필요하다.

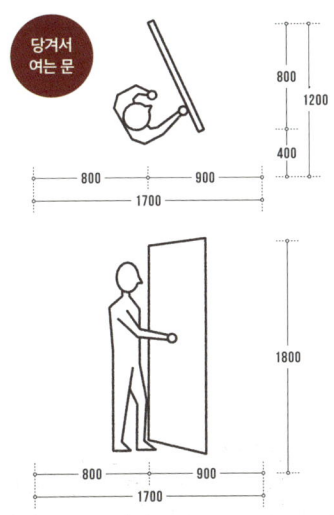
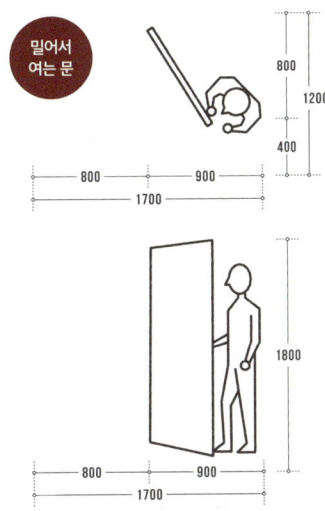

테이블·의자에 앉기

인원수나 배치에 따라 차지하는 공간이 다르며, 앉거나 설 때 의자를 뒤로 빼는 동작이 발생한다.

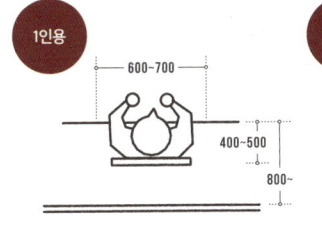
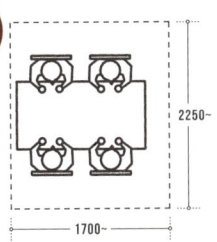
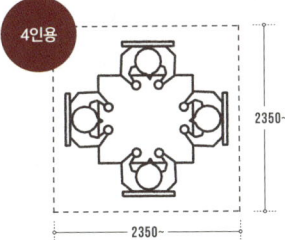

물건 꺼내기

서랍을 열거나 문을 열어서 물건을 꺼낼 때, 충분한 여유 공간이 필요하다. 통로 측의 공간을 확보한다.

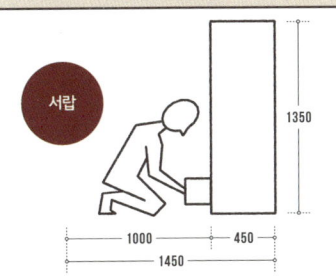
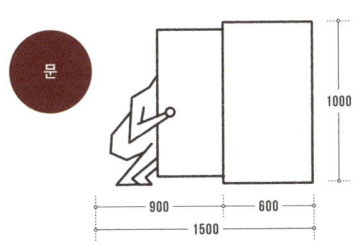

테이블·소파

소파 앞에 테이블을 두는 경우는 다리를 뻗을 수 있도록 여유 공간을 두는 것이 포인트다.

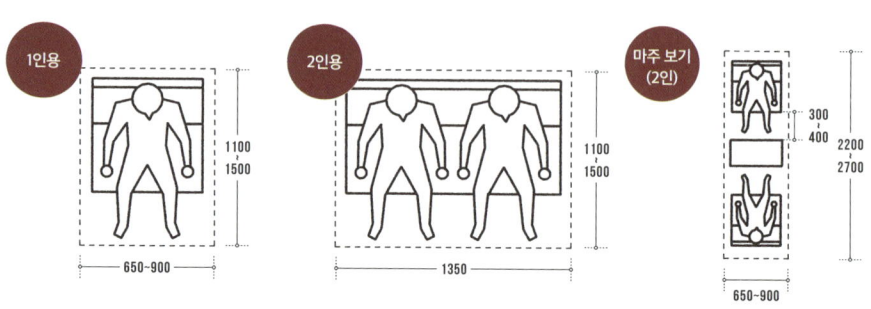

예전 소파도 깊이가 깊었지만 측면 팔걸이가 방해됐고, 앞에 로 테이블을 배치했기에 다리를 뻗을 수 없었다.

다리를 뻗고 느긋하게 눕거나, 아들이 낮잠을 자거나 손님을 앉힌다. 측면 팔걸이가 없는 널찍한 소파를 골랐다.

몇 년 전, 우리 집은 소파를 바꿨다. 새로운 소파의 절대 조건은 '가족이 모두 자신이 원하는 방식대로 쉴 수 있을 것'이었다. 이것은 동작 치수나 동작 공간을 배운 후에서야 머릿속에 떠오른 조건이다.

사람마다 소파에서 휴식하는 방법이 다르다. 우리 가족은 마사지 체어에 거의 눕는 것처럼 앉아서 편히 쉬는 것을 좋아한다. 다리는 굽히지 않고 앞으로 쭉 뻗으며 앉는다. 이렇게 휴식을 취하려면 소파의 깊이가 어느 정도 필요하다. 또한 앞으로 다리를 뻗을 수 있을 정도의 공간을 확보하고 소파를 배치해야 한다.

실은 소파를 바꾸기 이전(둘째 출산 시), 거실의 로 테이블을 처분한 상태였다. 그 덕에 희망하던

침대(서양식)·이불(일본식)

베드 메이킹을 위한 공간이나 이불을 갤 때 필요한 동작 치수를 생각해서 배치해야 한다.

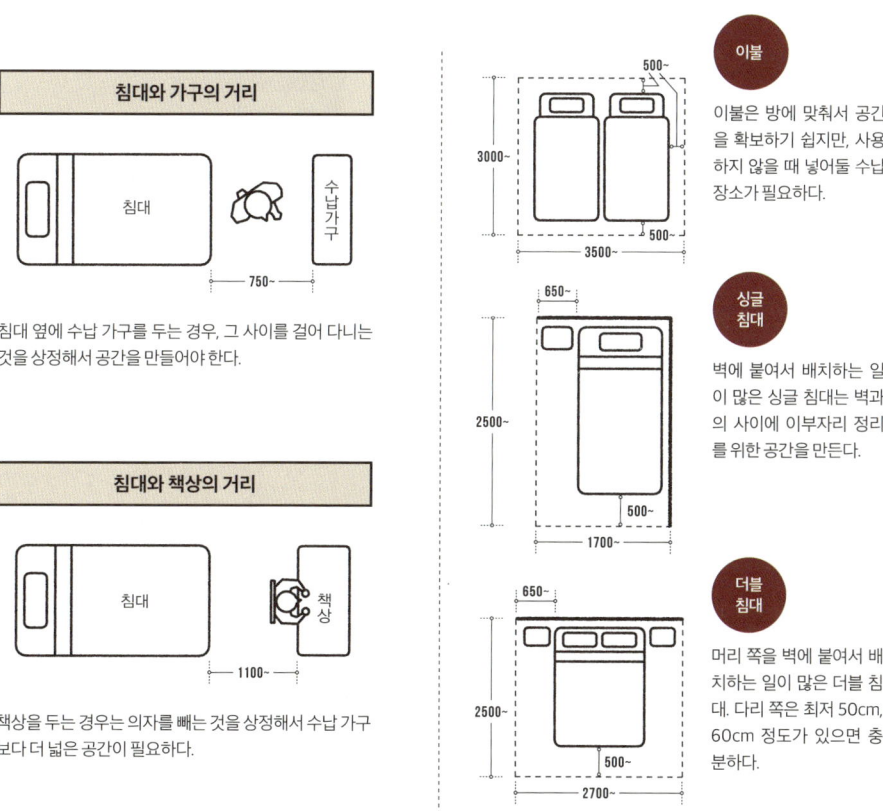

소파 크기, 희망하던 휴식 방법을 현실화할 수 있었다.

   로 테이블을 처분한 이유는 거실 러그 위에서 아이들이 마음껏 놀 수 있도록 하기 위해서였다. 당시의 나는 동작 치수나 동작 공간이라는 단어를 몰랐지만, '아이들이 마음껏 놀 수 있도록 하기 위해서는 이 정도의 공간은 필요하겠네'라고 무의식중에 공간에 관해 생각하고 있었는지도 모른다. 어쩌면 여러분도 무의식중에 동작 치수나 동작 공간을 생각하고 있을지 모른다.

   99~101페이지의 그림은 실제 생활 장면에서 필요한 동작 치수·동작 공간의 치수를 정리한 것이다. 이 그림이 각자의 가정의 공간 만들기에 도움이 됐으면 좋겠다.

무인양품의 방재용품과 나

방재사 자격을 취득했을 때, '지금 시작할 수 있는 것부터 하자'라는 생각에 무인양품에서 방재용품과 비축품을 사들였다.

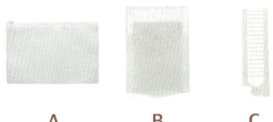

A. EVA 케이스·
지퍼 부착·B6

B. 필름 비누·
24매입

C. 휴대용
헤어브러시·S

D. 칫솔 시트·
12매(2개)

E. 방충 시트·12매

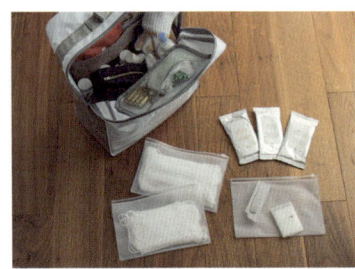

인터넷으로 구매한 방재용품에 더해 우리 집에서 필요한 것을 무인양품에서 구했다. 이 세트는 긴급 상황에 대비해 현관 선반에 보관하고 있다.

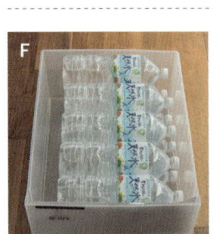
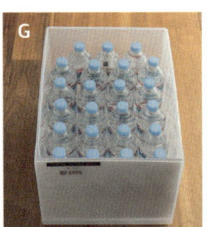

클로짓 케이스에 2ℓ병을 10개, 700㎖ 병을 23개 넣어서 보관한다. 위생백을 이용해 레시피도 함께 만들어 넣었다. 물 외의 저장 식품은 식기 선반에 수납하고, 롤링 스톡법으로 관리하고 있다.

F. 폴리프로필렌 클로짓 케이스·서랍식·L(약 W44×D55×H24cm) / G. 폴리프로필렌 수납 케이스·서랍식·깊은형(약 W34×D44.5×H30cm) / H. 폴리프로필렌 케이스·서랍식·깊은형(W26×D37×H17.5cm), 데워서 먹는 즉석밥·잡곡·180g(1인분) etc.

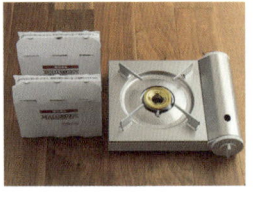

·휴대용 버너
·휴대용 부탄가스

휴대용 가스레인지는 부탄가스와 세트로 보관. 우리 집은 모든 것이 전기로 돌아가는 주택이기에 이 아이템은 필수다. 만에 하나 전기가 끊겨도 안심하고 음식을 먹을 수 있도록 준비했다.

·LED 손전등·S
(AA형 건전지 대응)
·LED 휴대용 전등

1층의 다이닝(선반)과 2층의 침실에 둔 손전등과 라이트. 정전됐을 때에 대비하여 야광 라벨을 붙여서 깜깜할 때도 곧바로 찾을 수 있도록 해뒀다.

UV컷 열이 쉽게 통과하지 않는
방염 레이스 플리츠 커튼·
오프화이트

침실에서 사용하는 커튼은 자외선의 투과를 막아줄 뿐만 아니라, 바깥의 열이 쉽게 통하지 않는 방염 기능이 포함된 것이 좋다. 무인양품은 방염 커튼 제품도 다양하다.

CHAPTER 04
육아

**역시 무인양품이
좋아**

EPISODE 08   수납의 재검토

짜증 날 때야말로 수납을
되돌아볼 절호의 타이밍

무인양품 폴리프로필렌
더스트 박스

무인양품 알루미늄
훅·마그넷 타입·S

정리수납 어드바이저 자격증을 딴 후, 물건을 살 때나 배치할 때 생각하는 방식이 완전히 달라졌다.

지금까지 겪은 수많은 실패와 교훈을 거름 삼아

· 누가
· 어디서
· 무엇을 하는지

를 생각한 후에 수납용품을 마련하여 '우리 집에 딱 맞는 정리수납'을 실천할 수 있게 됐다.

이때도 역시 어떤 환경이든 잘 어울리는 데다 우리 집 분위기와 잘 어울리는 무인양품의 수납용품은 대활약했다!

무인양품이 역시 좋아!

별다를 일 없는 평범한 일상을 보내면서도 이런 생각을 몇 번이나 했는지 모른다.

짜증 나
불편해
귀찮아!

특히 내가 정리수납을 다시 해야겠다고 생각할 때는 불편과 짜증을 느낄 때였다. 그런데 그럴 때 무인양품 제품을 몇 가지 들이기만 해도 스트레스가 말끔히 해소됐기에 쾌감을 느꼈다.

부글 부글

둘째가 태어난 후에는 물론이고, 아이들이 성장하는 와중에도 무인양품을 활용한 우리 집의 정리수납은 날마다 거듭나고 있다.

이제부터 그런 우리 집의 정리수납법을 소개하고자 한다!

| EPISODE 08 / 수납의 재검토 |

정리수납은 날마다 되돌아보기

훅이나 칸막이 등의 간단한 아이템부터 캐비닛까지.
무인양품에는 날마다 쌓이는 소소한 스트레스를 한 방에 날려주는 아이템이 갖춰져 있다.

침실

불편했던 사이드 테이블 대신 캐비닛을 들였다!

결혼 당시, 침대 옆에 물건을 둘 장소가 있으면 좋겠다는 마음에 사이드 테이블을 샀다. 얼마간은 편리하다고 생각했지만 아이가 태어난 후, 이 사이드 테이블이 내 스트레스의 원인이 됐다.

우선 테이블이 너무 무거워서 청소할 때 옮기기가 힘들었다. 그뿐 아니라 작은 테이블 위에 아이가 자기 전에 읽는 그림책과 보디위생용품을 올려놓자 지저분함이 극치에 달했다. 그래서 나는 다른 제품으로 바꾸기로 했다. 그래서 들인 것이 바퀴가 달려서 이동이 간편한 데다가 수납 면에서도 뛰어난 무인양품의 캐비닛이다.

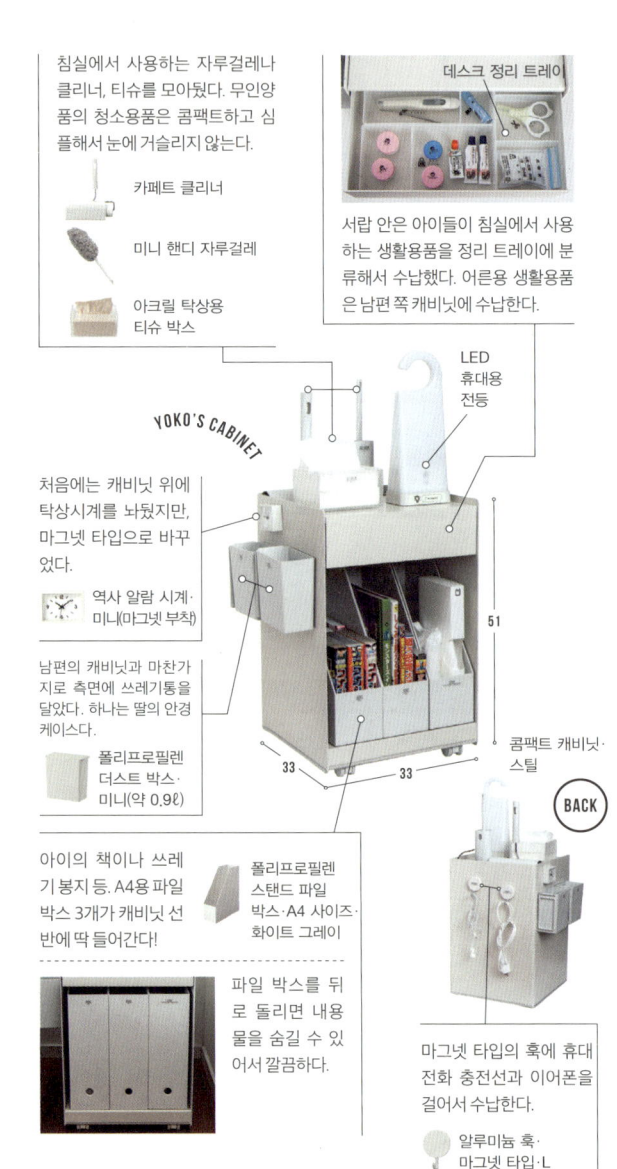

침실에서 사용하는 자루걸레나 클리너, 티슈를 모아뒀다. 무인양품의 청소용품은 콤팩트하고 심플해서 눈에 거슬리지 않는다.

- 카페트 클리너
- 미니 핸디 자루걸레
- 아크릴 탁상용 티슈 박스

데스크 정리 트레이

서랍 안은 아이들이 침실에서 사용하는 생활용품을 정리 트레이에 분류해서 수납했다. 어른용 생활용품은 남편 쪽 캐비닛에 수납한다.

YOKO'S CABINET

처음에는 캐비닛 위에 탁상시계를 놔뒀지만, 마그넷 타입으로 바꾸었다.
- 역사 알람 시계·미니(마그넷 부착)

남편의 캐비닛과 마찬가지로 측면에 쓰레기통을 달았다. 하나는 딸의 안경 케이스다.
- 폴리프로필렌 더스트 박스·미니(약 0.9ℓ)

아이의 책이나 쓰레기 봉지 등. A4용 파일 박스 3개가 캐비닛 선반에 딱 들어간다!
- 폴리프로필렌 스탠드 파일 박스·A4 사이즈·화이트 그레이

파일 박스를 뒤로 돌리면 내용물을 숨길 수 있어서 깔끔하다.

LED 휴대용 전등

51

콤팩트 캐비닛·스틸

33 33

BACK

마그넷 타입의 훅에 휴대전화 충전선과 이어폰을 걸어서 수납한다.
- 알루미늄 훅·마그넷 타입·L·2개입

컴퓨터 공간	현관
## 사용하지 않을 때는 옆에 세워 걸어 둠으로써 공간을 확보!	## 걸리적거리던 브러시는 훅에 걸어서 수납하여 불편 해소!

BEFORE

컴퓨터 작업을 하지 않을 때는 키보드가 무척 불편하게 느껴졌다.

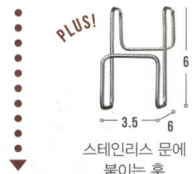

스테인리스 문에 붙이는 훅

AFTER

훅을 달아서 키보드를 고정했다. 훅의 파인 부분을 이용해 휴대전화를 거치할 수도 있다.

BEFORE

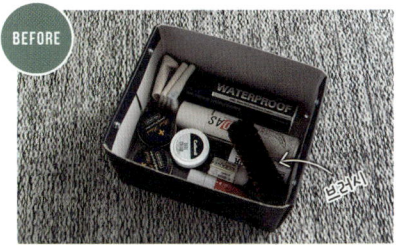

신발 관리용품을 모은 상자. 브러시가 걸리적거려서 다른 물건을 꺼내기 어려운 상황이었다.

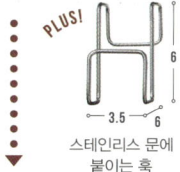

스테인리스 문에 붙이는 훅

AFTER

훅을 박스에 단 후, 브러시를 걸어서 수납한다. 덕분에 물건을 꺼내기 쉬워졌다.

　연말이나 가족의 라이프 스타일이 달라질 때 등도 정리수납을 다시 돌아볼 좋은 시점이겠지만, 역시 하루하루 살아가면서 자신이나 다른 가족이 '사용하기 불편하다' '좋은지 잘 모르겠다' 싶을 때도 수납 상태를 돌아볼 좋은 기회다.

　특히 가족의 반응을 알기 쉬운 것이 가족이 공유하는 공간이다. 입으로 직접 '사용하기 불편하다' '좋은지 잘 모르겠다'라고 말하지는 않아도 물건을 쓰고 난 후, 원래 있던 곳에 돌려놓지 않는다거나 수납공간이 지저분해지는 상황이 발생한다면 이것이야말로 정리수납이 원활하지 않다는 증거다.

　우리 집에서도 사용한 티슈가 바닥을 굴러다니고 있거나 휴대전화의 충전선이 지저분하게 엉켜있을 때가 있다. 이렇게 당황스러운 상황이 발생했을 때야말로 '수납을 다시 돌아볼 때'라고 생각하고 물건과 제대로 마주하려 애쓰고 있다.

현관	주방

주방용 수납 아이템을 현관 선반에 활용했다

현관 수납장의 문 뒤편에 훅을 달아서 열쇠와 보호자증, 순찰증을 걸어서 수납했다. 하지만 점차 수납하는 양이 늘어나면서 물건이 겹쳐지자 필요한 것을 꺼내기 어려워졌다.

CHANGE!
폴리프로필렌 랩 케이스용 마그넷·L 약25~30cm용 + 알루미늄 훅·마그넷 타입·S(3개입) 3.5 / 5

바형 마그넷을 붙이고 훅을 마그넷 타입으로 변경한 후 개수도 늘렸다. 마그넷은 랩 케이스를 냉장고에 붙이는 용도로 파는 제품이다.

ZOOM

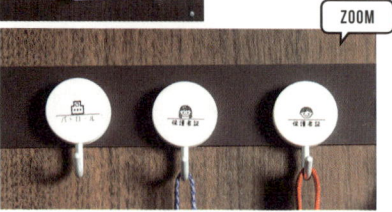

마그넷에는 라벨을 붙여서 알기 쉽게 했다.

압축봉과 칸막이로 꺼내기 쉽게

손잡이 부분이 아래로 내려간다

프라이팬은 칸막이를 통해 세워서 수납하여 넣고 빼기 쉽게 수납했다. 하지만 꺼낼 때 손잡이 부분이 내려가 있어서 꺼내기 어려웠다.

달걀말이용 프라이팬 / 압축봉

압축봉을 서랍 안에 달아서 손잡이 부분을 압축봉에 걸치자 꺼내기가 쉬워졌다. 하지만 사이즈가 작은 달걀말이용 프라이팬의 손잡이는 봉까지 닿지 않는다.

PLUS!
8 / 10 / 10
스틸 칸막이판·S

칸막이판 / 이제닿는다!

칸막이판을 놔서 달걀말이용 사각 프라이팬을 앞쪽으로 나오게 했다. 손잡이가 봉까지 닿아 문제해결!

다이닝

한데 모아두면 지저분해지는 물건은 케이스에 담아 분류한다!

휴대전화와 태블릿PC를 한 곳에 수납했더니 필요할 때 꺼내기 어렵고, 케이블이 엉키기도 했다.

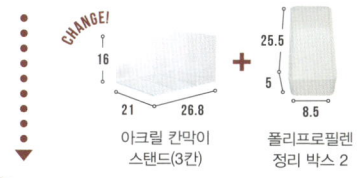

아크릴 칸막이 스탠드(3칸) + 폴리프로필렌 정리 박스 2

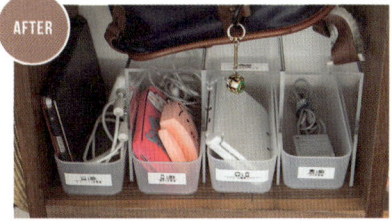

칸막이 스탠드에 정리 박스를 끼워서 분류 수납할 수 있게 했다. 칸막이 스탠드를 뒤집어 넣자 선반으로 쓸 수도 있게 됐다.

다이닝

아이템을 케이스에 옮겨 담아 문제를 미리 방지한다

편지지가 들어 있는 봉투의 접착 부분이 다른 편지지에 붙어서 못 쓰게 됐다.

EVA 케이스·지퍼부착·B6

편지지를 각각 EVA 케이스에 옮겨 담아서 접착 부분이 붙어버리는 사태를 피했다.

  정리수납 어드바이저 일을 하다 보면 '우선 정리하지 못하는 성격을 고쳐야겠죠'라는 고민을 자주 듣는다.

  하지만 전혀 그럴 필요 없다. 성격은 쉽게 고칠 수 없다. 정리를 잘 못 하는 이유가 귀찮아하는 성격 탓이라면, 그런 성격을 지닌 자신에게 맞는 정리수납법을 찾으면 그만이다.

  나는 매일 생활하다가 '귀찮아! 너무 불편해!'라고 생각할 때마다 수납 방법과 수납 장소를 바꿔보곤 한다. 그럴 때 늘 해결책을 찾아준 구세주가 바로 모양, 크기, 소재 등이 다양하게 갖춰진 무인양품의 수납용품이었다. 아이템 하나를 도입하는 것만으로도 지금까지 느끼던 불편함이 깔끔하게 해소된다는 점이 무엇보다 대단하다.

EPISODE 09　수납의 목적

수납용품을 통한 '손쉬운 집안일' 실현하기

가능하면 움직이지 않고, 물건을 찾아 헤매지 않고, 시간을 들이지 않으면서 집안일을 해결하고 싶다.

그런 '귀차니스트'와도 같은 나의 마음을 해결해 준 것이야말로 무인양품의 수납용품이다.

무인양품
폴리프로필렌
메이크 박스·1/2

| EPISODE 09 / 수납의 목적 |

'귀차니스트'라도 굳이 성격을 고칠 필요는 없다

움직이지 않는다, 찾아 헤매지 않는다, 시간을 들이지 않는다. 그것이야말로 집안일을 쉽게 하는 세 가지 조건.
이 조건을 이루려면 수납용품의 사용법을 한정하지 않아야 한다.

주방

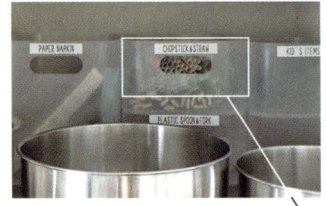

아이들이 쓰는 빨대는 식기 선반의 안쪽, 쌓인 메이크 박스 상단에 들어가 있다.

메이크 박스의 손잡이 구멍을 넣고 뺄 때 이용!

폴리프로필렌 메이크 박스·1/2

플러스 α

굳이 메이크 박스를 꺼내지 않더라도 손잡이 구멍을 통해 빨대를 꺼낼 수 있다.

수납용품을 고를 때, 크기, 모양, 기능성은 기본적으로 따져보지만, 그 수납용품에 '플러스 α의 장점은 없나?'를 생각하는 것도 즐겁다.

무인양품의 메이크 박스는 반투명하기에 내용물을 한눈에 알 수 있고, 옆으로 늘어놓거나 위로 쌓을 수도 있는 뛰어난 제품이다.

현관

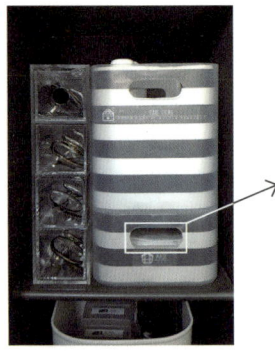 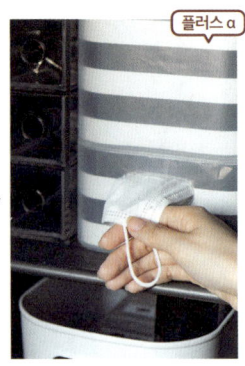

플러스 α

위쪽 메이크 박스에는 선크림이나 방충 스프레이 등, 아래쪽 메이크 박스에는 마스크를 수납한다. 밖에서 사용하는 아이템을 세트처럼 현관 선반에 놔두고 있다.

아래쪽 메이크 박스에 들어 있는 마스크는 손잡이 구멍을 통해 꺼낸다.

그리고 또 하나의 특징이 '수납하는 물건에 따라서는 넣고 뺄 수 있다!'는 것을 깨달은 손잡이 구멍. 이 구멍이야말로 '위쪽으로는 넣고 빼기 위한 공간의 여유가 없거나' '쌓여 있는 물건을 치우지 않으면 꺼낼 수 없는' 상황일 때, 고민을 해결해 주는 플러스 α다.

컴퓨터 공간

반드시 전용 케이스를 사용할 필요는 없다

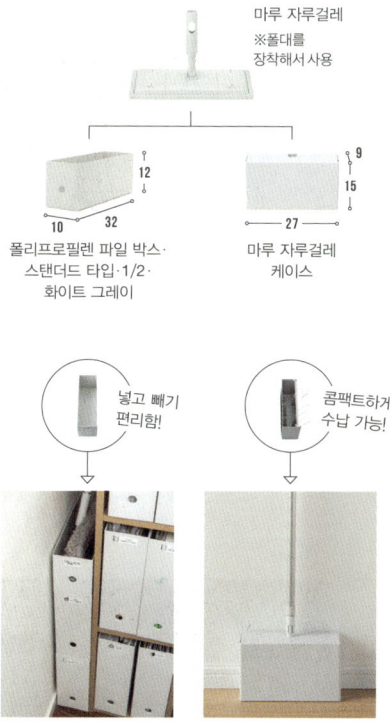

마루 자루걸레
※폴대를 장착해서 사용

12 / 10 / 32
폴리프로필렌 파일 박스·
스탠더드 타입·1/2·
화이트 그레이

9 / 15 / 27
마루 자루걸레
케이스

넣고 빼기 편리함!

콤팩트하게 수납 가능!

컴퓨터 공간과 계단 밑 수납장에 놔둔 자루걸레는 쉽게 넣고 뺄 수 있도록 뚜껑이 없는 파일 박스에 넣어뒀다. 손님의 눈에 띄는 장소나 콤팩트하게 수납하고 싶을 때는 전용 케이스를 추천한다.

옷장

세탁과 수납을 겸용! 개키지 않고 거는 수납으로

알루미늄 세탁용 행거·
실버

어깨 부분에서 의류가 쉽게 떨어지지 않도록 고안된 형태다.

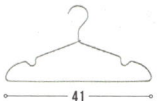
알루미늄 세탁용 행거·어깨끈 타입·실버

어깨끈이 있는 의류가 쉽게 떨어지지 않도록 좌우에 움푹 들어간 부분이 있다.

알루미늄 세탁용 행거·
셔츠용

목 부분을 벌리지 않아도 옷을 걸 수 있도록 고안된 점이 특징이다.

무인양품의 행거(옷걸이)는 종류에 따라 33cm와 41cm가 있기에 용도에 따라서 고르면 된다. 우리 집에서는 아이 옷은 33cm, 어른 옷은 41cm에 건다.

귀차니스트인데다가 주름지는 걸 그다지 신경 쓰지 않는 사람에게 추천하는 것이 세탁용 행거를 수납용 행거와 겸용으로 사용하는 것이다. 세탁물을 말린 후에 개키지 않고 그대로 옷걸이에 걸어서 수납할 수 있으니 시간도 단축된다.

나만의 시간을 만들기 위해 집안일이 편해질 수 있도록 고민하고 있다.

나는 나 자신도 싫어질 만큼 뼛속까지 '귀차니스트'다. 그런 자신을 바꾸려 몇 번이고 시도했지만 그렇게 하는 것 자체가 스트레스였다. 집에 있을 때만큼이라도 있는 그대로의 나로 있고 싶었다.

신혼 시절에는 수납을 할 때 겉으로 보이는 깔끔함을 중시했지만, 하루하루 살다 보니 '나란 사람에겐 깔끔한 것보다 사용하기 편한 수납이 더 중요하구나'라고 알게 됐다. 지금은 집안일을 편하게 해주는 수납이 '귀차니스트' 주부인 나의 든든한 지원군이다.

주방

갤러리 수납으로 물건이 늘어나는 것을 방지한다

BEFORE

ㄷ자 랙으로 상하 공간을 살려서 손님용 식기류를 수납했다. 손님이 많이 오지 않는데 식기가 많고 지저분한 것이 신경 쓰였다.

CHANGE!

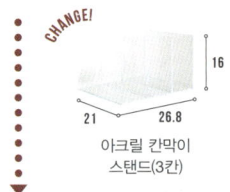

16 / 21 / 26.8

아크릴 칸막이 스탠드(3칸)

AFTER

아크릴 칸막이 스탠드 세 개를 뒤집어서 식기 선반에 옆으로 늘어놨다.

AFTER

손님 식기를 담아두는 코너를 갤러리 수납으로 변경했다. 이로써 물건이 늘어나는 것을 방지할 수 있었다.

주방

포장 봉지째로 보관해도 공간을 절약할 수 있다

BEFORE

예전에는 가루 종류를 흰 케이스에 옮겨 담아 수납했지만, 잔량을 알 수 없는 데다 장소를 많이 차지하는 것이 신경 쓰였다.

CHANGE!

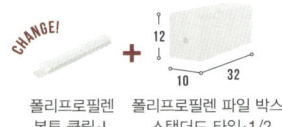

12 / 10 / 32

폴리프로필렌 봉투 클립·L   폴리프로필렌 파일 박스·스탠더드 타입·1/2

AFTER

옮겨 담지 않고 클립으로 봉한 채로 파일 박스에 모아서 콤팩트하게 수납했다.

PLUS!

10 / 4 / 4

폴리프로필렌 파일 박스용 펜 포켓

AFTER

파일 박스에 펜 포켓을 달아서 가루 종류를 풀 때 쓰는 스푼 보관함으로 쓰고 있다.

주방	주방
## 한눈에 알아볼 수 있는 수납으로 쉽게 찾을 수 있게	## 칸막이판을 뒤집어 비스듬하게 꽂아 수납

상온에서 보관하는 채소는 바구니에 넣어둔다. 그런데 바구니가 깊지 않아서 채소가 많아지면 꺼내기가 어려웠다.

레토르트 식품을 케이스에 모아서 넣어뒀지만, 내용물이 지저분해져서 넣고 빼기 어려운 상태가 되고 말았다.

CHANGE!
스테인리스 와이어 바스켓 2

PLUS!
스틸 칸막이판·S

더 널찍한 바스켓으로 바꾸어 겹치지 않도록 했다. 와이어 바스켓이기에 통기성도 뛰어나다.

칸막이판을 거꾸로 넣고 레토르트 식품을 비스듬하게 세웠더니 깔끔해졌다. 유통기한도 한눈에 들어온다.

　'편한 집안일'을 위해 나는 언제나 '3N'을 의식한다. N은 '하지 않는다'는 의미로, '움직이지 않기' '찾아 헤매지 않기' '시간을 들이지 않기'를 뜻한다.

　이 '3N'은 수납 방법이나 물건 선택법을 통해 달성할 수 있다. 우리 집의 경우, 예를 들어 수납장에서 쓰는 옷걸이를 세탁물을 건조할 때 쓰는 옷걸이 겸용으로 바꿈으로써 옷을 개키는 수고가 줄어서 결과적으로 '시간을 들이지 않기'가 실현됐다. 자루걸레를 파일 박스에 넣음으로써 쉽게 꺼낼 수 있게 되어 이 또한 '시간을 들이지 않기'로 이어졌다. 물건을 한곳에 모아서 보관하는 것이 아니라 사용하는 장소별로 필요한 것을 수납함으로써 '움직이지 않기' '찾아 헤매지 않기'를 이룰 수도 있다.

　이 글을 읽는 여러분도 수납할 때 3N을 꼭 실천해 봤으면 한다.

EPISODE 10 동선 짜는 법

이동이 원활할수록 정리와 집안일은 편리

어떤 것을 넣고 빼기 위해 자신이나 가족이 방 안을 이동할 때 그 코스를 방해할 만한 물건이 놓여 있지는 않은가?

돌아가야 하는 등 쓸데없이 이동 거리가 멀지는 않은가?

실제로 사용하는 사람의 입장이 되어 정리수납 환경을 다시 돌아보는 것이 중요하다.

무인양품 수납 선반

EPISODE 10 / 동선 짜는 법

생활하기 편한 동선 고안하기

집 안에서 자신이나 가족이 이동하는 코스를 '동선'이라고 한다.
자연스러운 동선은 쉬운 정리 및 편리한 생활에 크게 영향을 끼친다.

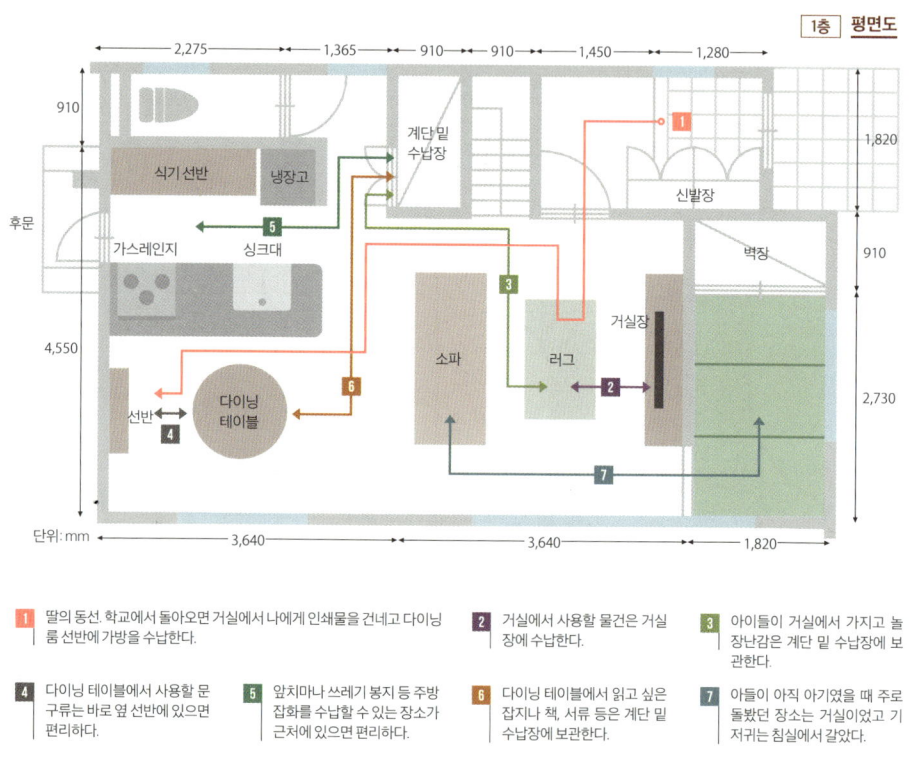

1. 딸의 동선. 학교에서 돌아오면 거실에서 나에게 인쇄물을 건네고 다이닝 룸 선반에 가방을 수납한다.

2. 거실에서 사용할 물건은 거실장에 수납한다.

3. 아이들이 거실에서 가지고 놀 장난감은 계단 밑 수납장에 보관한다.

4. 다이닝 테이블에서 사용할 문구류는 바로 옆 선반에 있으면 편리하다.

5. 앞치마나 쓰레기 봉지 등 주방 잡화를 수납할 수 있는 장소가 근처에 있으면 편리하다.

6. 다이닝 테이블에서 읽고 싶은 잡지나 책, 서류 등은 계단 밑 수납장에 보관한다.

7. 아들이 아직 아기였을 때 주로 돌봤던 장소는 거실이었고 기저귀는 침실에서 갈았다.

집안 정리가 잘되지 않는다면 '동선과 수납 장소의 궁합이 나쁜' 상황일 수 있다. 집안이 잘 정리되지 않는 가정의 경우 '수납에 맞춰서 사람이 움직이는' 경우가 많은데, 사실 바람직한 방향은 '사람의 동선에 맞춰서 수납'하는 것이다.

예를 들어, 2층에만 가방을 둘 곳이 있어서 집에 돌아와 가방을 가져다 놓기 위해 2층에 꼭 올라가야 한다면 그다지 좋은 동선이라 볼 수 없다. 그러다가는 어느샌가 1층에 짐이 널브러져 버리고 만다. 동선은 짧을수록 편하다. 현관 수납장에 가방을 둘 곳을 만들면 돌아와서 바로 내려놓을 수 있어서 지저분하게 밖에 꺼내져 있는 상황을 피할 수 있다.

가구나 수납용품을 새로 집에 들일 때는 자신이나 가족의 동선을 의식해서 수납 장소를 정하는 것이 중요하다.

동선의 예시
아들의 몸단장 동선

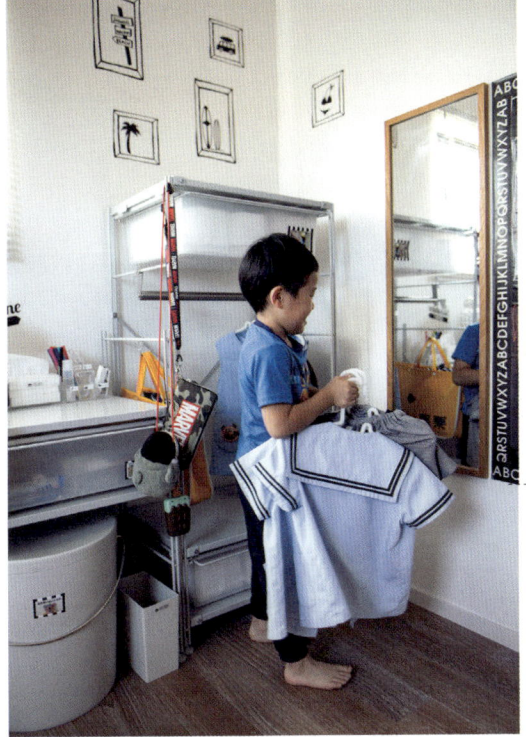

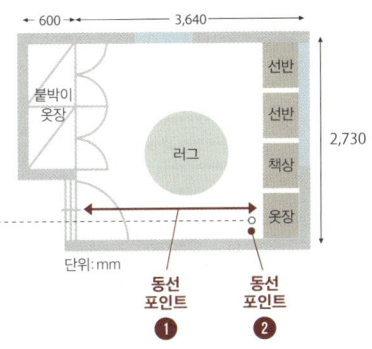

2층 | 아들의 방·평면도

단위: mm

동선 포인트 ❶   동선 포인트 ❷

동선 포인트

❶ 아들이 방에 들어가 일직선으로 나아간 곳에 옷장을 설치하여 유치원용품을 한데 모아뒀다.

❷ 옷장 근처에 거울을 뒀다. 옷을 갈아입을 때 옆을 보면 거울로 전신을 체크할 수 있다.

아들의 방에는 원래부터 붙박이 수납장이 있다. 하지만 굳이 무인양품의 스틸 유닛 선반을 방 한쪽에 설치해서 옷장으로 사용하도록 했다.

작년 3월까지 아들은 복장이 자유로운 어린이집에 다녔지만, 유치원에 입학하고 난 이후부터는 지정된 옷과 양말, 가방을 착용해야 했다. 그래서 평소에 입는 옷을 수납하는 붙박이 옷장과는 별도로, 유치원의 몸단장 전용 공간을 만들어 아들이 혼란을 겪지 않고 준비할 수 있도록 했다.

ITEM

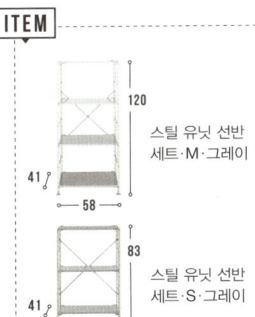

스틸 유닛 선반 세트·M·그레이

스틸 유닛 선반 세트·S·그레이

옷장과 책상용 선반은 두 가지 크기를 조합했다. 후에 옷장이 필요 없게 되면 배치를 바꿔서 각각 다른 용도로 사용할 예정이다. 그래서 선반은 연결하지 않고 사용 중이다. 붙박이 수납장에도 들어갈 수 있도록 폭 58cm의 제품을 선택했다.

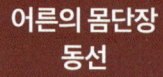

어른의 몸단장 동선

동선 포인트

1 침실 문을 열었을 때, 문 바로 뒤에 해당하는 데드 스페이스(벽면)에 거울을 설치했다.

2 옷장 근처에 거울이 있어서 옷을 고르면서 전신을 체크할 수 있다.

BAD 옷장에서 딸의 방까지 거리가 꽤 멀어서 오가기가 정말로 귀찮았다.

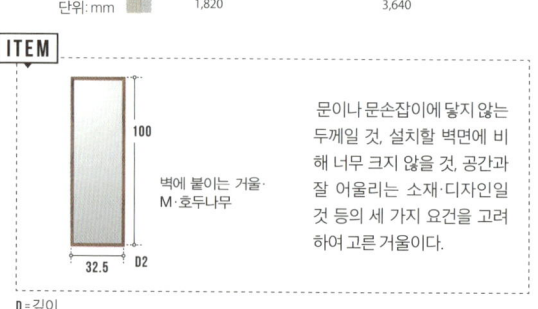

우리 집 2층에는 아이들 방에만 전신거울이 있었고 우리 부부가 쓰는 침실에는 없었다. 그래서 옷을 갈아입을 때 우리는 굳이 딸의 방에 가야 했다. 사실 그게 너무 귀찮았지만 좀처럼 새 거울을 달지 못했다. 왜냐하면 침실에 전신거울을 설치할 만한 공간이 없었기 때문이다. 침실에서 더블 침대와 딸의 침대를 붙여 네 명이 같이 잠을 잤기에 여유 공간이 없었다. 그래서 생각한 것이 벽에 붙이는 거울이었다.

ITEM

벽에 붙이는 거울·M·호두나무
100
32.5 D2

문이나 문손잡이에 닿지 않는 두께일 것, 설치할 벽면에 비해 너무 크지 않을 것, 공간과 잘 어울리는 소재·디자인일 것 등의 세 가지 요건을 고려하여 고른 거울이다.

D=깊이

동선의 예시
집안일과 청소 동선

동선 포인트

1 자루걸레는 파일 박스에 넣어서 간편 수납! 넣고 빼기 편해서 바쁜 아침에도 도움이 된다.

2 아침에 일어나면 바로 옷장으로 가서 자루걸레를 꺼낸다. 자루걸레의 수납 장소가 침실과 가까워서 편하다.

3 자루걸레를 빼서 집 전체 걸레질을 한다.

집 안에서는 낮 동안 줄곧 날아다니던 먼지가 사람이 활동하지 않는 밤사이 몇 시간 동안 바닥에 가라앉는다고 한다. 따라서 아침에 가족이 일어나기 전에 집 전체를 걸레질하는 것이 집 먼지를 막는 가장 좋은 방법이라고 한다.

그 사실을 알고 난 후, 나는 아침에 일어나면 곧바로 침실부터 시작해서 집 전체를 걸레질하게 됐다. 자루걸레의 수납 장소는 당연히 출발점인 침실 안에 있는 것이 편하다. 그리고 일상생활에 방해가 되지 않는 곳을 골랐다.

2층 평면도(일부)

- 침대
- 옷장
- 체스트
- 3,640
- 단위: mm

ITEM

폴리프로필렌 파일 박스·스탠더드 타입·1/2·화이트 그레이 (12 × 32 × 10)

자루걸레의 수납은 콤팩트하게 들어가는 전용 케이스가 아니라 뚜껑 없는 파일 박스를 선택했다. 넣고 빼기 편하다는 점을 우선시했다(119페이지 참조).

EPISODE 11 물건을 쓰는 사람의 입장

'무엇이 좋은지'는 쓰는 사람만이 아는 법

그 사람을 위해 '좋을 것'이라고 생각해서 산 가구나 수납용품, 실천한 수납 방법이라도 실제로 쓰는 사람에게는 최선이 아닐 수 있다.

나 또한 가족에게 "불편해!"라는 지적을 받고 나서야 비로소 깨달을 때가 많다.

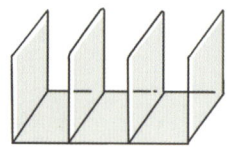

무인양품
아크릴 칸막이
스탠드 3칸

EPISODE 11 / 물건을 쓰는 사람의 입장

사용자가 가장 쓰기 좋은 물건과 방식을 고르기

형제자매라 해도 수납 취향은 다르다. 그리고 자라면서 좋아하는 수납법이 달라지기도 한다.
가족과 함께 살면서 날마다 새삼 실감하는 것이 많다.

그렇게 고른 의자는 바퀴가 달리지 않은 안정감 있는 나무 의자. 내추럴 취향인 딸의 방에 잘 어울린다.

딸의 방을 새로 꾸밀 때 무인양품의 카탈로그를 함께 보면서 공부용 책상과 의자를 골랐다. 그런데 의자를 고를 때 딸과 내 의견이 갈렸다.

나는 바퀴가 달린 데다가 높이를 조절할 수 있는 의자가 좋다고 생각했지만, 딸은 '그 의자는 싫다'고 했다. 이유를 묻자 '학교 선생님 의자가 바퀴 달린 의자라 앉아본 적이 있는데, 빙글빙글 돌아서 정신 집중이 안 된다'고. 나는 딸이 자신의 성격을 잘 파악하고 있다는 점에 감탄해서 직접 사용하는 본인의 의견을 존중하기로 했다.

예시 | 딸의 서랍

심을 바깥쪽으로 해서 넣으면 서랍을 끝까지 열지 않아도 확인할 수 있다(아래 사진). '사용하는 본인밖에 생각할 수 없는 수납 방법이 있구나'라고 실감하는 계기가 됐다.

예전에 딸과 함께 서랍의 연필과 색연필을 정리할 때의 일이다. 나는 연필을 쥐는 쪽을 바깥쪽으로 해서 정리 트레이에 넣는 편이 꺼내기 쉽고 편리하다고 생각했지만, 딸은 심이 있는 쪽을 바깥쪽으로 넣었다.

무인양품의 연필과 색연필은 본체가 똑같은 목재로 되어 있다. 따라서 심을 보지 않으면 그것이 연필인지 색연필인지, 무슨 색 색연필인지 알 수 없다. 그래서 딸은 쥐는 쪽을 바깥쪽으로 해서 수납하면 '서랍을 끝까지 열지 않으면 확인할 수 없어서 불편하다'라고 말한 것이다. 나는 생각지도 못한 딸만의 시점에 감탄했다.

| 예시 | 아들의 옷장 |

거는 방식으로 바꾸고 난 후로 아들은 매일 즐겁게 옷을 갈아 입는다. '딸에게 맞는 수납법이 반드시 아들에게도 맞으리란 법은 없다'라고 실감한 일이었다.

    아들의 방을 정리할 때 나는 고민 없이 서랍식 케이스에 아들의 옷을 상의와 하의 등 종류별로 분류, 수납했다. 딸의 옷장을 정리할 때도 마찬가지 방법을 썼는데 딸이 알기 쉽다며 좋아했기 때문이다. 하지만 아들은 서랍을 여닫는 게 서툴렀기에, 그게 싫다며 스스로 옷을 꺼내입지 않게 됐다. 이대로는 안 되겠다는 생각에 아들과 대화 끝에 수납 방법을 바꾸었다. 길이 조절이 가능한 봉을 사서 장착한 후 '거는 수납'으로 바꾼 것이다.

예시 | 딸의 필통

안경·소품 케이스의 본체에 긴 색연필을, 뚜껑에는 몽땅해진 색연필을 넣어뒀다.

딸의 색연필은 펜 케이스에 넣어서 서랍에 수납하고, 아들의 색연필은 귀찮아하는 성격에 맞춰서 안경·소품 케이스에 꽂아두는 수납을 택했다. 하지만 아들의 수납법을 본 딸이 '이게 더 좋아!'라고 말한 것이다. 때에 따라 좋아하는 수납법이 달라진다는 것을 실감했다.

예시 | 부부의 쓰레기통

옷장 안에 넣어둬도 걸리적거리지 않고, 콘센트를 막지 않는 크기의 쓰레기통이다.

예전까지 침실과 옷장에서 사용하던 쓰레기통은 조금 큰 편이었다. 옷장 입구 쪽에 놔뒀는데, 발이나 체스트에 부딪혔기에 남편이 쓰레기통을 바꿨으면 좋겠다는 말을 꺼냈다. 그래서 곧장 콤팩트한 쓰레기통으로 바꿨다.

EPISODE 12
편한 수납 · 아름다운 수납

아이의 장난을 막아주는 '귀찮은 수납'

물건을 쓰는 사람이 '귀찮다'고 느끼는 수납은 바람직하지 않으므로 다시 돌아볼 필요가 있지만, 오히려 그 '귀차니즘'을 이용해서 문제를 사전에 방지하는 데 활용할 수도 있다.

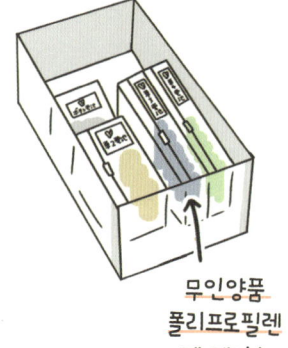

무인양품
폴리프로필렌
펜 케이스

EPISODE 12 / 편한 수납·아름다운 수납

성격에 맞는 수납법 고르기

같은 물건을 수납해도 쓰는 사람의 성격에 따라 수납법은 달라진다.
'아름다운 수납'을 꿈꾸더라도 귀찮아하는 성격이라면 '편리해야만' 깔끔한 수납이 가능하다.

문구

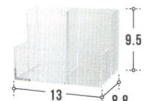

아크릴 소품 스탠드

뭐든 귀찮아하는 아들도 스스로 넣고 뺄 수 있도록 대충 넣기만 하면 되는 수납으로.

EASY!
편한 수납

'곧장 꺼낼 수 있다' '넣을 뿐' '한눈에 봐서 알 수 있다' 등 필요한 것을 넣고 뺄 때의 동작 수가 적고, 깔끔하게 보이는 것보다 알기 쉬운지를 우선한 수납 방법.

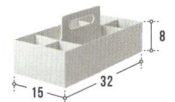

폴리프로필렌 수납 캐리 박스·와이드·화이트 그레이

사용하고 싶은 물건을 엄선해서 장소에 상관없이 가지고 움직일 수 있는 아이템. 대충 넣으면서도 분류 및 수납을 할 수 있다.

집 어디에서도 사용할 수 있다!

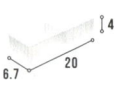

폴리프로필렌 데스크 정리 트레이 3 etc.

폴리프로필렌 케이스·서랍식·가로 와이드·얇은형·화이트 그레이

서랍 안은 정리 트레이로 분류한다. 물건의 정위치를 만드는 편이 정리하기 쉽다.

BEAUTIFUL!
아름다운 수납

'문을 연다' '뚜껑을 닫는다' '서랍을 연다' 등 넣고 빼는 동작 수가 많으며 방이 깔끔하게 보이도록 고려한 수납 방법.

먼 먼지가 쌓이지 않는다 **분** 분류해서 고르기 쉽다 **숨** 숨길 수 있어서 깔끔 **겉** 겉으로 보기에 예쁘게

| 저장식품 | 화장품 |

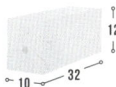
폴리프로필렌 파일 박스·
스탠더드 타입·1/2
12 / 10 / 32

꺼 대 투 콤

> 높이가 없는 수납으로 잘 보이게!

내용물이 보이며 대충 넣으면 되는 수납으로, 어찌 됐든 편한 수납을 원할 때

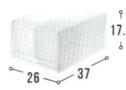
폴리프로필렌 케이스·서랍
식·깊은형·2개
17.5 / 26 / 37

투 민 분 숨

칸막이가 있어 깔끔하게 수납할 수 있는 무인양품의 케이스는 정리를 잘 못 하는 사람에게도 맞춤인 아이템이다.

밀폐 보존 용기·
깊은형·M
11.5 / 7.5 / 19

먼 숨 겉

> 내용물이 보이지 않는 경우는 반드시 라벨링을!

겉보기에 예쁘고 아이들의 장난도 방지하고 싶을 때는 내용물이 보이지 않는 용기에 옮겨 담자.

EASY!

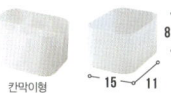
폴리프로필렌 메이크 박스·1/2·가로 하프
칸막이형 / 8.6 / 15 / 11

꺼 대 투 콤 분

> 쌓을 수 있는 케이스가 편리!

커다란 수납용품이라면 아이템을 세울 수 없어서 내용물이 깔끔히 정돈되지 않으므로 작은 것이 좋다.

A  B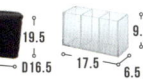
A. 나일론 메이크 박스·L
19.5 / 35 / D16.5
B. 아크릴 칸막이 스탠드·하프 etc.
9.5 / 17.5 / 6.5

콤 이 민 분 숨

이동 가능한 메이크 박스에 칸막이 스탠드를 넣어서 분류해서 세우는 수납으로.

아크릴 칸막이 스탠드·하프 etc.
9.5 / 17.5 / 6.5

먼 분 숨

물건 개수가 많다면 세세하게 나눠서 서랍에 넣어두자. 꺼낼 때 편하다.

BEAUTIFUL!

꺼 꺼내둘 수 있어서 편리　**대** 대충 넣기만 하면 된다　**투** 투명해서 찾기 쉽다　**콤** 콤팩트하게 정리 가능　**이** 이동이 편리하다

| 위생용품 | 장난감 |

EVA 케이스·지퍼부착·B6
15
22.1

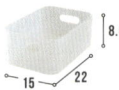
폴리프로필렌 메이크 박스·1/2
8.6
15 22

투 콤 이 먼 분

대 투 이

아이템별로 다른 케이스에 넣으면 찾기 쉽고, 서랍이나 선반 안에 콤팩트하게 정리할 수 있다.

EASY! ↑

메이크 박스는 수납 장소에 맞춰서 쌓거나 옆으로 늘어놓을 수 있어서 무척 편리하다.

폴리에스터 행잉 케이스·탈착 파우치 부착·블랙
11
18

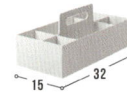
폴리프로필렌 수납 캐리 박스·와이드·화이트 그레이
8
15 32

콤 이 분

여행에도 사용할 수 있는 편리한 아이템!

꺼 대 이 분

어디서든 사용하는 아이템을 엄선하여 수납. 훅이 달려 있어서 거는 수납도 가능하다.

아이가 들고 이동할 때 쓰는 수납용품은 가볍고 안심하고 사용할 수 있는 폴리프로필렌 소재가 좋다.

폴리프로필렌 케이스·서랍식·가로 와이드·얇은형·화이트 그레이
9
37 26

폴리프로필렌 데스크 정리 트레이 3 etc.
4
6.7 20

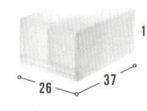
폴리프로필렌 케이스·서랍식·깊은형·2개
17.5
26 37

먼 분 숨

투 먼 분 숨

칸막이로 최대 여섯 칸으로 나눌 수 있다!

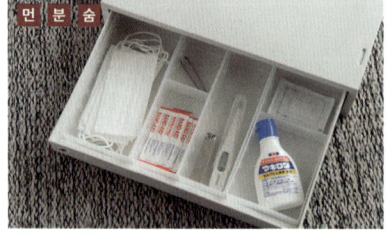

BEAUTIFUL! ↓

'서랍×정리 트레이'는 최고의 조합. 정위치가 있으면 정리가 정말로 간편하다.

떼어낼 수 있는 칸막이를 활용하여 장난감의 크기나 종류에 맞춰 분류 및 수납.

먼 먼지가 쌓이지 않는다   분 분류해서 고르기 쉽다   숨 숨길 수 있어서 깔끔   겉 겉으로 보기에 예쁘게

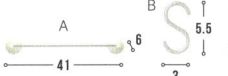

		A. 알루미늄 타월 행거·흡반식
A	B	B. 알루미늄 S자 훅·S

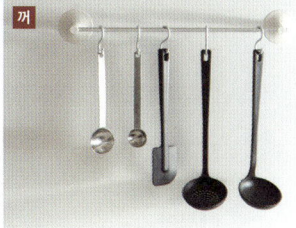

꺼 노 액션으로 편한 수납!

자주 쓰는 물건은 걸어서 보관하면 사용할 때 편하다. 행거에 훅으로 걸어뒀다.

자기 키친 툴 스탠드

꺼 대 콤 이 깔끔하고 콤팩트하게 수납!

자주 쓰는 물건을 엄선하여 스탠드 수납. 무게가 있는 용기를 쓰지 않으면 쓰러지므로 주의.

폴리프로필렌 정리 박스 4 etc.

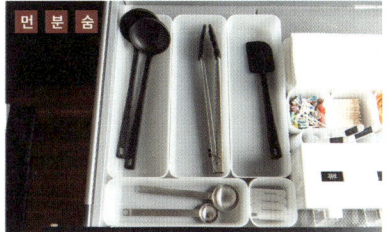

면 분 숨

서랍에 가로로 넣는 경우에는 정리 박스를 이용해 분류하면 넣고 빼기 쉬워서 편하다.

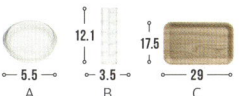

A	B	C	A. 유리 소품 트레이 B. 아크릴 스택킹 케이스·5단 C. 목제 트레이

꺼 투 이 분 겉 스택킹 케이스는 쌓을 수 있다!

액세서리를 한 세트씩 케이스에 넣어서 트레이에 모아뒀다. 개수가 적은 사람에게 추천하는 방법이다.

 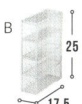

A. 아크릴 목걸이·피어스 스탠드
B. 아크릴 안경 잡화 케이스

투 먼 겉 먼지가 쌓일 걱정 없음!

액세서리를 진열해서 '보이는 수납'을 하고 싶은 사람은 아크릴 소재를 추천.

A. 아크릴 케이스·2단 덮개·서랍 etc.
B. 벨루어 파티션·격자·그레이 etc.

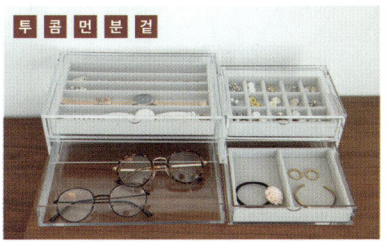

투 콤 민 분 겉

엉키거나 쉽게 잃어버리는 액세서리도 파티션을 사용해서 제대로 분류한다.

꺼 꺼내둘 수 있어서 편리 　**대** 대충 넣기만 하면 된다 　**투** 투명해서 찾기 쉽다 　**콤** 콤팩트하게 정리 가능 　**이** 이동이 편리하다

EPISODE 13 보이는 수납

꼭꼭 숨기지 말고 장식하면서 수납하기

수납할 공간을 지금 이상 늘릴 수 없다. 바닥에 두면 위험하고 방해된다….

그럴 때 효과적인 것이 벽면이나 오픈 선반을 사용한 수납이다. 최근 우리 집에서도 벽에 걸 수 있는 가구를 구입했다.

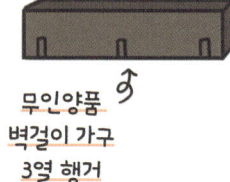

무인양품
벽걸이 가구
3열 행거

EPISODE 13 / 보이는 수납

'보이는 수납'이야말로 인테리어

수납공간이 적다면 벽에 달 수 있는 가구나 훅도 효과적이다.
'보이는 수납'은 넣고 빼기 편한 곳, 청소하기 쉬운 곳에 적용하자.

벽걸이 가구 3열 행거·
떡갈나무

① ② ③

④

수납물품의 무게
너무 무거운 물건은 당연히 걸면 안 된다. 살 때 견딜 수 있는 하중을 확인하자.

수납물품의 양
수납하는 물건이 너무 많으면 걸거나 빼기 어렵고 보기에도 좋지 않으므로 주의해야 한다.

수납물품의 크기
수납했을 때, 동선이나 피난 경로의 방해가 될 만한 커다란 물건은 피하자.

사용하는 사람에게 맞는 높이
수납물품을 넣고 빼기 좋은 '어깨에서 눈높이 사이'에 오도록 벽걸이 가구나 훅을 배치한다.

⑤ 다른 설비와의 어울림

콘센트나 스위치가 있는 곳도 고려하여 생활에 불편을 끼치지 않도록 배치한다.

⑥ 방 배치와의 어울림

수납물품이나 가구 자체가 방의 통풍이나 시야를 막을 법한 곳에는 배치하면 안 된다.

⑦ 유지관리의 간편함

보이는 수납은 먼지가 쌓이기 쉬우므로 청소하기 편한 배치 장소나 설치 방법을 고려한다.

⑧ 가구의 색·소재

일부러 포인트를 주기 위한 경우를 제외하고는 방에 자연스럽게 어울릴 수 있는 색이나 소재를 고른다.

예전에는 아들의 장난감을 투명 수납 박스에 사진 라벨을 붙여서 알기 쉽게 수납했다. 하지만 어째선지 '어떤 물건'만은 늘 꺼낸 상태로 놔두는 거였다. 그건 바로 아들이 특히 마음에 들어 하던 장난감이었다. 아이에게 이유를 묻자 "좋아하는 물건은 안에 넣어놓는 게 아니라 언제든 눈에 보이는 곳에 놔두고 싶다"라고 했다. 그래서 가지고 있던 수납 보드를 사용해 만든 것이 위 사진의 갤러리 같아 보이는 '보이는 수납 보드'다.

보이는 수납은 먼지가 쌓인다는 단점이 있지만, 거주 공간에 부담을 주지 않고 수납량을 늘릴 수 있는 장점도 있다. 어떤 수납이든 마찬가지지만, 그 수납의 장단점을 파악한 후에 사용 여부를 결정해야 한다.

EPISODE 13 / 보이는 수납

느낌 있는 수납과 인테리어

귀차니스트든 아니든 왠지 있어 보이게 장식하는 비법이 있다.
약간의 포인트만 주면 된다. 센스 따위 필요 없다!

 정리수납 어드바이저 일을 하다 보면 "정리수납을 하려면 센스가 필요하죠?" "센스가 없어서 방을 멋지게 꾸밀 수가 없어요"라는 고민을 털어놓는 이들이 많다. 그럴 때 나는 늘 이렇게 대답한다. "센스 따위 필요 없어요. 비결만 안다면 누구든 멋진 수납, 멋진 공간을 만들 수 있답니다!"
 나 또한 센스 같은 건 전혀 없다. 다만 약간의 아이디어만으로도 깔끔하고 느낌 있어 보이는 수납과 인테리어를 실현할 수 있다는 걸 날마다 실감한다. 어떤 것이든 지금 당장 할 수 있는 간단한 것부터 꼭 한번 시도해 보기 바란다. 집안 분위기가 확 달라지는 것을 느낄 수 있을 테고 '아, 센스 따위 필요 없었구나!'라고 몸소 깨닫게 될 테니.

있어 보이는 수납		있어 보이는 인테리어	

① 큰 틀을 정한다

우선 큰 틀(프레임)이 되는 가구를 정한 후, 세세한 부분의 수납과 배치를 생각한다.

② 면을 맞춘다

책이나 앨범의 수납은 등 부분을 일직선으로 맞춰서 튀어나오지 않게 하면 깔끔하다.

③ 높이를 맞춘다

책이나 잡지는 높이가 같은 것을 모으면 깔끔하다. 키 순서대로 정돈하면 예뻐 보인다.

④ 숨긴다

손님이 있을 때는 파일 박스를 뒤집는 등 지저분한 것이 눈에 들어오지 않도록 한다.

⑤ 색을 통일한다

칸마다 수납용품이나 수납하는 물건의 색을 통일하면 정돈되어 보인다.

⑥ 좌우 대칭으로 만든다

선반에 올려놓는 경우든 벽면에 장식하는 경우든, 물건이 좌우 대칭이 되도록 배치하면 깔끔하다.

⑦ 삼각형을 의식한다

선반에 올려놓는 경우든 벽면에 장식하는 경우든 중앙이 높아지도록 배치하면 안정감이 생긴다.

⑧ 여백을 만든다

물건을 가득 채우지 말고 여백을 남겨서 배치하면 깔끔한 공간이 완성된다.

⑨ 컬러를 정한다

베이스 컬러와 포인트 컬러를 먼저 정해두면 색을 배치하기 편해진다.

⑩ 식물을 둔다

식물을 두면 방이 밝아진다. 잎이 떨어지는 게 신경 쓰인다면 조화여도 문제없다.

EPISODE 14 　데드 스페이스

눈에 닿지 않는 곳에 두면 '필요 없는 물건'이 된다

집 안에 눈이 잘 닿지 않는 곳은 없는가?

특히 데드 스페이스는 남에게 보여주고 싶지 않은 물건을 수납하기에는 최적의 장소라고 생각하기 쉽다. 그러나 너무 꼭꼭 숨겨둔 나머지 존재 자체를 잊어버린다면, 그건 그저 공간만 차지하는 불필요한 물건이 되고 만다.

무인양품
폴리프로필렌
메이크 박스·
뚜껑식·S

EPISODE 14 / 데드 스페이스

'존재를 잊게 될 수납'을 하지 않기

'어느샌가 존재를 잊고 있는 물건'이 있지는 않은가?
그 원인 중 대다수는 수납장 안쪽에 밀어넣거나 쌓아둠으로써 물건이 보이지 않게 되어버린 경우다.

아이 방

안쪽에 있는 것까지 보인다!
단체 사진 수납법

BEFORE \ 가득! /

'책은 여기에 들어가는 만큼만 보유'하는 것이 규칙이지만, 갖고 싶은 책이 많아서 이 이상 들어가지 않는다…

AFTER \ 두 줄로! /

선반의 깊이를 살려서 책을 앞쪽과 안쪽의 두 줄로 변경. 수납량이 두 배가 됐다.

PLUS!
10.3
15 11
폴리프로필렌 메이크 박스·뚜껑식·S

AFTER \ 보인다! /

안쪽에 있는 책 제목이 보이지 않게 됐기에 뚜껑이 달린 박스 위에 올려서 '단체 사진 수납법'을 썼다!

※메이크 박스에 너무 무거운 것을 올리지 않도록 주의한다.

주방

포켓을 사용한
분류&스탠드 수납

BEFORE \ 너저분 /

간 생강이나 간 마늘, 고추냉이 등의 튜브는 케이스에 넣어서 통째로 보관. 겹쳐져서 잘 안 보이는 물건이 있었다.

CHANGE!
14   10
13.5 7   4   4
폴리프로필렌   폴리프로필렌
더스트 박스·미니   파일 박스용 펜 포켓
(약 0.9ℓ)

AFTER

폴리프로필렌 더스트 박스에 펜 포켓을 걸고 튜브를 하나씩 넣었다. 가운데는 커피용 크림통으로.

AFTER

냉장고에 그대로 넣어도 내용물이 잘 보여서 찾기 쉽다. 냉장고 문을 열면 보이는 위치에 라벨링을 했다.

주방	주방
## 문뿐만 아니라 서랍에도 사용 가능	## 앞쪽과 안쪽을 구분하지 않고 통째로 서랍식으로

BEFORE

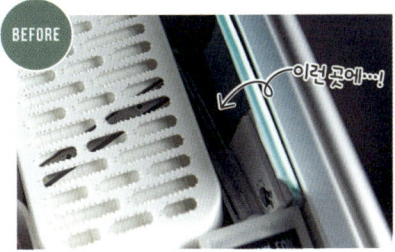

유통기한을 적을 때 쓰는 펜을 서랍에 수납해놨지만, 다른 물건과 섞여서 꺼내기 어려워서 짜증이…

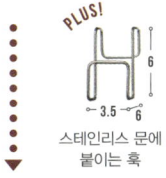

PLUS!
스테인리스 문에 붙이는 훅

AFTER

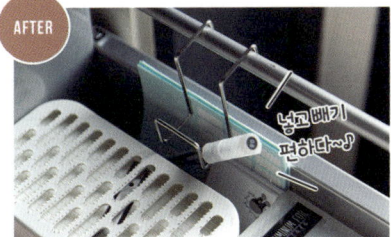

서랍에 훅을 달고 펜을 걸어서 수납. 이걸로 펜이 행방불명되는 일이 없어졌다!

BEFORE

식기 선반의 공간을 앞쪽과 안쪽으로 나눠서 수납. 사용 빈도가 낮은 것을 안쪽에 놔뒀지만, 눈에 들어오지 않아 어느샌가 사용하지 않게 되어버렸다.

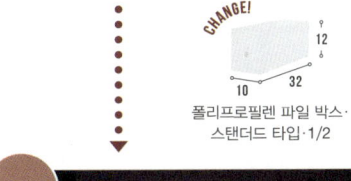

CHANGE!
폴리프로필렌 파일 박스·
스탠더드 타입·1/2

AFTER

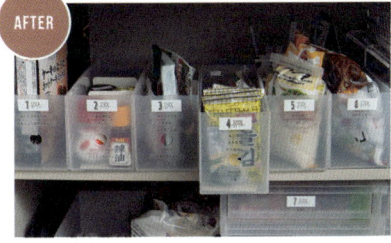

깊이가 있는 폴리프로필렌 파일 박스로 바꿔서 사용할 때는 서랍처럼 잡아 빼는 수납으로. 밀가루나 건조식품은 봉지째로 넣을 수 있어서 편하다.

    집이 정리되지 않는 가장 큰 원인은 쓸데없는 물건이 늘어나는 것이다. 하지만 필요한 물건이 쌓여서 집 안을 조금씩 어지럽히기도 한다. 바로 수납장 깊은 곳에 숨겨두거나 겹쳐지거나 해서 '존재를 잊은 물건'이 자신도 모르는 사이에 수납공간을 압박할 때다.

    가령 필요한 것이라고 해도 존재를 잊어버린 시점에 그것은 '필요 없는 물건 후보'로 바뀌어버리고 만다. 그렇기에 나는 '존재를 잊지 않기 위한 수납'을 신경 쓰며 매일 수납 방식을 바꿔보고 있다.

    중요한 것은 그것을 '보이도록' 하는 것. 투명한 수납용품을 사용해 한눈에 알아볼 수 있게 하거나, 안쪽에 있는 것이라도 높이를 이용해서 수납하여 한눈에 들어오게 한다거나…. 보이는 수납 방법은 얼마든지 있다.

EPISODE 14 / 데드 스페이스

데드 스페이스의 활용

'존재를 잊는 수납'을 피하는 것과 동시에, 역시 데드 스페이스는 잘 활용하는 것이 좋다.
손님에게 보여주고 싶지 않은 것, 보이면 지저분해 보이는 것은 데드 스페이스를 이용해 수납해 보자.

수납공간이 따로 없는 타입의 침대는 아래 공간을 자유롭게 사용할 수 있다. 바퀴가 달린 서랍 수납장은 넣고 빼기가 원활하기에 추천하고 싶은 아이템이다.

침대 밑 수납 박스를 두 개 넣으면 프레임과 딱 맞는다. 침대 밑 공간을 최대한 활용할 수 있다.

수납 예시

- 철 지난 덮는 이불 (압축해서 수납)
- 잠을 자기 전에 보고 싶은 것 (책이나 추억이 담긴 앨범 등)
- 철 지난 의류
- 평소에 사용하는 수건 등
- 제철 의류 등

머리쪽 / 다리쪽 / 벽
83.6 / 37.6

🏠 **이 방법이 적합한 방**
서랍을 열 공간의 여유가 있는 방

👤 **이 방법이 적합한 사람**
침대 프레임+침대 밑 수납 박스를 조합하면 서랍식이라 넣고 빼기가 편하다. 여닫는 빈도도 높아지며 결과적으로 환기도 좋아진다.

침대 프레임과 침대 밑 수납 박스를 조합하면 서랍식이라 넣고 빼기가 편하다. 여닫는 빈도도 높아지며 결과적으로 환기도 좋아진다.
　서랍의 칸막이를 살려서 사용 빈도별, 아이템별 등 물건을 알기 쉽게 분류 수납할 수도 있다. 가장 꺼내기 쉬운 머리 쪽 및 통로 쪽에는 위의 그림처럼 침대에 누워서 읽고 싶은 책 등을 수납하는 것을 추천한다.

칸막이를 활용하면 의류도 종류나 사용 빈도에 맞춰서 분류할 수 있다.

우리 집에서도 수납 침대를 사용하고 있다. 계절 가전이나 커다란 러그도 수납할 수 있다.

수납 침대(수납장이 달린 침대)의 장점은 둘 곳이 애매한 긴 물건이나 서랍에는 넣을 수 없는 무거운 물건을 수납할 수 있다는 점이다.

다만 앞쪽은 두 개의 서랍으로 되어 있어 넣고 빼기 편하지만, 안쪽은 매트리스나 받침대를 들어 올리지 않으면 넣고 뺄 수 없기에 사용 빈도가 높은 것은 수납할 수 없다.

수납 침대·싱글·떡갈나무

사이즈가 큰 것도 수납할 수 있어서 집 안 정리를 할 때 큰 역할을 한다.

상부도

안쪽(벽 쪽)에 수납한 것은 매트리스와 받침대를 떼어내야만 꺼낼 수 있다. 앞쪽은 서랍 방식이기에 넣고 빼기가 원활하다.

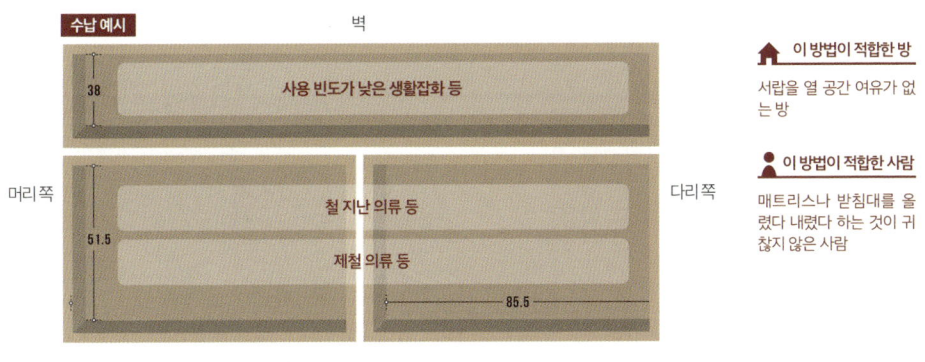

↑ 이 방법이 적합한 방
서랍을 열 공간 여유가 없는 방

● 이 방법이 적합한 사람
매트리스나 받침대를 올렸다 내렸다 하는 것이 귀찮지 않은 사람

데드 스페이스의 대표격을 꼽자면 바로 침대 밑 공간이다. 이 공간은 매트리스나 받침대에 흡수된 사람의 땀이 습기의 원인이 되어서 실제로는 가장 곰팡이가 피기 쉽다. 습기 대책으로 제습제를 이용하는 것도 좋은 방법이지만 가장 중요한 포인트는 '환기'다.

제대로 환기를 시켜주기 위해서는 문을 자주 여닫아서 공기를 통하게 해야 한다. 즉, 침대 밑에 두기 가장 적합한 물건은 자주 넣고 빼는 것(사용 빈도가 높은 것)이다. 침대 밑이라고 하면 보통 사용 빈도가 낮은 물건을 수납하기 마련이지만, 그렇게 되면 공기가 통하지 않아 습기가 차게 된다. 철 지난 의류나 이불을 수납하고 싶다면 정기적으로 꺼내어 바람을 통하게 해주는 것이 중요하다.

EPISODE 15 커스터마이즈

애용품의 배치가 물건이 늘어나는 것을 막는다

'이게 아니면 안 돼'라며 아끼는 물건이 분명 각 가정에 있을 것이다.

나도 마음에 드는 것에 둘러싸인 집으로 만들기 위해 좋아하는 무인양품의 아이템을 커스터마이즈해서 나만의 물건을 만들고 있다.

무인양품
백자 칫솔 스탠드·
1인용

무인양품
폴리프로필렌
봉투 클립·S

EPISODE 15 / 커스터마이즈

취향에 맞게 커스터마이즈 하기

심플한 디자인이기에 자신의 취향에 맞게 꾸밀 수 있는 것이 무인양품의 매력.
수납한 물건이 무엇인지 알 수 있도록 표시를 남기기 좋아서 도움이 된다.

폴리프로필렌
메이크 박스·1/2

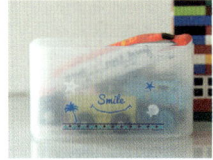

심플한 무인양품의 수납용품과 100엔 균일가 매장의 다양한 데코레이션 아이템은 서로 잘 어울린다.

폴리프로필렌 메이크 스탠드

폴리프로필렌 소재의 반투명 재질을 활용하여, 귀여운 색종이를 안쪽에 넣어 꾸몄다. 무늬가 희미하게 비쳐서 귀엽다.

폴리프로필렌 봉투 클립·
L/S 각 5개입

봉투 클립에 수납한 물건의 내용을 적은 라벨을 붙여 뒀다.

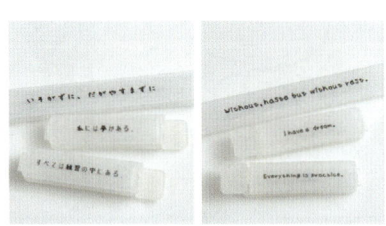

우리말 해석 뒤쪽에는 같은 의미의 영어 라벨을. 아이가 영어를 기억할 수도 있게 되므로 추천.

나는 물건을 잘 버리지 못하는 성격이기에 오래 사용할 수 있도록 물건과 사이좋게 지내려 노력한다. 무언가를 집에 들일 때는 그 물건이 지금의 자신이나 가족에게 있어 정말로 필요한 것인지, 정말로 마음에 드는 것인지를 반드시 확인하자. 마음에 드는 물건일수록 오랫동안 즐겨 쓰게 되고, 결국은 물건이 늘어나는 것을 막는 길로 이어진다.

나아가 애착이 샘솟을 수 있도록 커스터마이즈하는 것도 좋아한다. 무인양품의 생활잡화는 기능성뿐만이 아니라 심플한 디자인도 특징이다. 라벨을 붙이거나 종이를 끼우는 등 약간의 수고만으로 '세상에서 하나뿐인 물건'으로 바꾸기 쉽다는 점도 내가 무인양품 제품을 애용하는 이유 중 하나다.

스틸 유닛 선반·추가용
캔버스 바스켓·그레이

옷장에서 의류 수납에 사용하는 캔버스 바스켓. 수납하는 물건의 그림과 주인의 이니셜이 적힌 배지를 달았다.

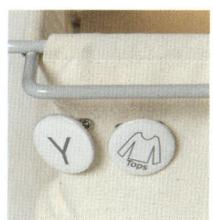

세워서 수납이 가능한
캐리 케이스·A4 사이즈·
화이트 그레이

캐리 케이스 안에 정리 트레이를 조합하여 자질구레한 낚시 도구를 분류해서 수납.

폴리에스터 면마 혼방
소프트 박스·장방형·L

천으로 된 수납용품이라면 자수를 넣어도 귀엽다. 구매한 제품에 자수를 넣어주는 무인양품의 자수 공방(유료)을 이용해도 좋다.

폴리프로필렌 데스크 정리 트레이 2 / 폴리프로필렌 데스크 정리 트레이 3

케이스 바깥에 스티커를 붙여서 화려하게 꾸몄다. 장식하는 수납의 일환으로, 방에 포인트도 되어 좋다.

수납용품 안에 무엇이 들어 있는지 알 수 있도록 표시를 해두고 싶을 때가 있다.

라벨을 붙이거나 태그를 달거나 일러스트를 그리거나 글씨를 쓰는 등 다양한 방법이 있는데, 수납용품이 심플하면 표시하기가 쉬워지고 예뻐 보인다.

169페이지까지 표시를 하는 다양한 방법을 소개한다. 수납용품의 형태나 소재, 수납 장소에 따라 적합한 표시법도 달라지므로, 각 가정에 알맞은 방법을 선택하기 바란다.

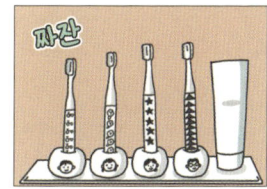

표시를 해두면 되돌려 놔야 하는 장소를 한눈에 알 수 있을 뿐 아니라, 누구를 위한 수납 장소인지도 명확해진다.

 **달기**

목제나 와이어 등 글자를 쓰거나 라벨을 달기 어려운 소재에는 태그나 클립을 다는 방법도 있다.

태그를 달 장소가 없는 수납용품은 클립이나 훅을 걸어서 그곳에 태그를 단다.

스테인리스 걸 수 있는 와이어 클립

손잡이가 달린 수납용품은 손잡이 부분을 이용해 태그를 다는 방법도 있다.

폴리에스터 면마 혼방 소프트 박스·장방형·M

현관에서 사용하는 탁상 빗자루. 라벨 프린터로 'Let's clean up'이라는 글자를 인쇄한 리본을 묶어놨다.

탁상 빗자루 쓰레받기 세트

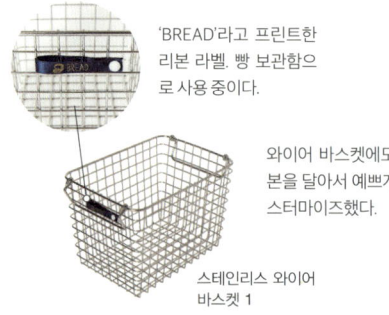

'BREAD'라고 프린트한 리본 라벨. 빵 보관함으로 사용 중이다.

와이어 바스켓에도 리본을 달아서 예쁘게 커스터마이즈했다.

스테인리스 와이어 바스켓 1

 **종이 끼우기**

폴리프로필렌이나 아크릴 소재의 수납용품은 '투명하게 보인다'는 특징을 살린 표시 방법을 추천한다.

폴리프로필렌 케이스·서랍식·깊은형

아무 표시가 없어도 뭐가 들었는지 대충은 알 수 있는 것이 폴리프로필렌의 장점이다.

▼▼▼

내용물이 보이면 자칫 조잡한 인상을 줄 수 있다. 신경 쓰인다면 하얀 도화지를 안쪽에 끼우면 깔끔해진다. 그럴 땐 라벨을 붙이자.

도화지에 수납한 물건을 그려 넣는 것도 좋다. 아이 것은 아이 스스로 만들게 하면 수납에 대한 의식이 높아진다.

한눈에 봐서 내용물을 알 수 있도록 하얀 도화지에 글자를 크게 써서 끼워도 좋다.

하얀 도화지가 아니라 빨강, 노랑, 파랑 등의 색 도화지를 끼우면 내용물을 색으로 판별할 수 있다.

그리기

잡화에도 표시하거나 커스터마이즈를 할 수 있다. 도자기용 펜이나 천에 그릴 수 있는 크레용을 활용하면 활용의 폭이 넓어진다.

유성펜으로 'It's mine'이나 이름을 써서 자기 전용의 수납 장소에 보관한다.

자기 칫솔 스탠드·1인용·블루

재생지 노트 무지·베이지·B5·30매

노트도 표지를 직접 펜이나 스탬프로 꾸미기 좋은 아이템이다.

그림 그리기 펜·도자기용·6개 세트

도자기 컵·S

도자기용 펜으로 그림을 그린 후에 오븐레인지로 구워 낸 오리지널 컵.

오가닉 코튼 마이 백·A4 사이즈

의류용 크레용·16색

천에 그림을 그린 후, 다림질을 하면 염색이 되는 크레용이다.

붙이기

배치 방법에 따라 라벨을 붙이는 위치도 달라진다. 아이들이 쓰는 물건에는 사진 라벨을 붙이는 등 시각적으로 한눈에 알 수 있게 붙이자.

앞면   뒷면

파일 박스는 앞면과 뒷면 어느 쪽을 보이게 놓는지에 따라 라벨을 붙이는 위치가 달라진다.

폴리프로필렌 스탠드 파일 박스·A4 사이즈·화이트 그레이

서랍 안은 열었을 때 위에서 내려다보이는 장소에 라벨을 붙인다. 사진은 데스크 정리 트레이의 바닥에 라벨을 붙인 모습.

폴리프로필렌 데스크 정리 트레이

선반에 넣는 메이크 박스(좌)는 정면의 보이는 위치에 라벨을 붙였고, 서랍에 넣는 메이크 박스(우)는 위에서 보이는 위치에도 라벨을 붙였다.

폴리프로필렌 메이크 박스·1/2

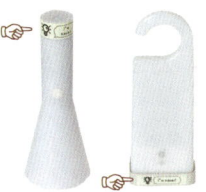

LED 손전등·S   LED 휴대용 전등

피난 시를 대비하여 방재 용품이나 데스크 라이트에는 어두운 곳에서 빛나는 라벨을 붙인다. 빛나는 라벨은 계단 손잡이와 문에도 붙여뒀다.

EPISODE 16 아이 방 꾸미기

아이는 정리의 주체, 부모는 조언자

아들이 유치원에 입학하는 시점에 맞춰 아이 방을 새로 꾸몄다.

아이들과 함께 무인양품 카탈로그를 보면서 수납용품을 정하고 함께 사러 가기도 했다.

방 꾸미기가 가족 간의 소통에도 도움을 준다.

무인양품 스틸 유닛 선반

EPISODE 16 / 아이 방 꾸미기

아이와 함께 만드는 편안한 방

현재 딸은 만 열 살, 아들은 만 다섯 살. 나이 차이고 성격도 완전히 다르다.
각각에 맞는 편안한 공간을 만들기 위해 아이와 함께 방을 꾸며나가고 있다.

수납법도 성격에 맞게

우리 집의 경우, 딸은 똑 부러지는 성격이기에 옷을 서랍에 분류해서 수납하지만 아들은 귀찮아하는 성격이기에 거는 수납을 한다. 이렇듯 아이의 성격에 맞는 수납 방법을 아이와 함께 고민한다.

아이의 의견을 듣는다

아이가 자기 방을 편하게 생각할 수 있도록 '방에서 어떻게 시간을 보내고 싶은지' '어떤 분위기로 만들고 싶은지'에 관해 충분히 대화를 나눈 후, 아이의 바람과 의견을 반영하고 있다.

성장에 대응할 수 있는 수납용품을 고른다

높이 조절이 가능한 조절식 폴대, 위로든 아래로든 마음대로 조합을 바꿀 수 있는 수납선반 등 아이들이 성장하는 과정에서 오랫동안 사용할 수 있는 가구와 수납용품을 고른다.

아이에게 맞는 수납용품을 고른다

어린아이의 경우, 안전한 소재로 만들어진 수납용품을 골라야 한다. 무인양품이라면 가볍고 잘 깨지지 않는 폴리프로필렌이나 천으로 된 박스·케이스 등이 좋다.

　기본적으로 아이 방의 인테리어는 아이들의 의견을 우선한다. 다만 위험하거나 불편할 수 있는 수납 방법이나 물건이 있으면 아이에게 그 이야기를 해서 다시 한번 고려하도록 하고 있다.
　그리고 또 하나, 아이들에게 강조하는 부분은 '다양한 방법으로 쓸 수 있는 물건, 오랫동안 사용할 수 있는 물건을 고르면 좋겠다!'라는 것이다. 아이들은 매일 성장하므로 몸의 변화나 취향의 변화는 물론, 물건을 보유하는 방법도 점차 달라진다. 그럴 때 매번 가구 등을 새로 바꾸는 일은 쉽지 않을 것이다.
　어떻게 하더라도 그 당시의 아이들을 위주로 생각하기 쉽지만, 중요한 것은 앞으로의 일도 포함해서 물건을 고르는 것이다. 그렇게 하면 편안한 공간이 계속 이어지며, 결과적으로 물건을 오랫동안 사용할 수 있다.

EPISODE 16 / 아이 방 꾸미기

아이 방의 조닝을 고민하기

앞서 소개했듯, 조닝이란 어디에서 무엇을 하는지를 공간으로 나누는(공간을 그룹화하는) 것이다.
아이의 공간을 생각할 때는 '놀이·공부·몸단장·수면' 공간으로 조닝하면 편하다.

조닝을 생각할 때는 '아이가 어디에서 무엇을 하고 싶은지'를 아이에게 확인하는 것이 중요하다. 어린아이의 경, 조닝이 아이 방 안에서 해결되지 않는 경우도 많기 때문이다. "엄마 옆이 좋아!"라고 말하는 아이라면 공부·수면·놀이 모두 아이 방 외의 장소가 될 수도 있다.

우리 어른은 '집 안을 어지럽히고 싶지 않다'는 욕심에 '아이 물건은 전부 아이 방에!'라고 생각하기 쉽다. 하지만 그렇게 하면 역효과가 나서 오히려 집 전체가 지저분해질 수 있다.

집의 넓이나 배치를 생각하면 방을 나누는 것이 어려울 수 있다. 그럴 때야말로 좁은 공간에서 사용할 수 있는 무인양품의 수납용품이나 가구가 크게 활약할 것이다.

아이 방의 조닝

놀이 공간

초등학생 아이를 상정하여 각각의 공간에 필요한 것을 소개한다.
앞으로 이 정도의 물건을 수납할 장소가 필요해지겠구나,
하는 사실을 생각할 계기가 됐으면 한다.

놀이

- 01 인형
- 02 카드 게임
- 03 게임기
- 04 수예·공작 아이템
- 05 블록 장난감
- 06 타는 장난감
- 07 메달 장난감
- 08 스쿼시
- 09 피규어
- 10 만화·그림책·책
- 11 색연필
- 12 스케치북

커다란 물건이라면

01

- 폴리프로필렌 락 캐리 박스·S (25.5 × 37 × 16.5)
- 폴리프로필렌 튼튼한 수납 박스·S (40.5 × 39 × 37)

한곳에 모아두고 싶은 물건이라면

02 03 04 05 06 07 08 09 10 11 12

  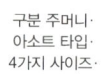

- 폴리프로필렌 메이크 스탠드 (7.1 × 7.1 × 10.3)
- 아크릴 칸막이 스탠드 (3칸) (21 × 26.8 × 16)
- 폴리프로필렌 파일 박스·스탠더드 타입·와이드·A4 사이즈 (15 × 32 × 24)
- 구분 주머니·아소트 타입·4가지 사이즈·11매입

자잘한 물건이라면

02 04 05 06 07 08 09

 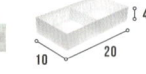 

- 구분 주머니·아소트 타입·4가지 사이즈·11매입
- 폴리프로필렌 데스크 정리 트레이 2 (10 × 20)
- 폴리프로필렌 메이크 박스 (15 × 22 × 16.9)

들고 이동하고 싶은 물건이라면

04 05 06 07 08 11 12

 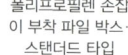 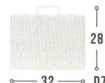 

- 폴리프로필렌 손잡이 부착 파일 박스·스탠더드 타입 (10 × 32 × 28.5)
- 세워서 수납이 가능한 캐리 케이스·A4 사이즈 (32 × D7 × 28)
- 폴리프로필렌 수납 캐리 박스·와이드·화이트 그레이 (15 × 32 × 8)

D=깊이

아이 방의 조닝

공부 공간

교과서나 노트를 펼쳤을 때 어느 정도 넓이의 책상이 필요한지,
문구를 서랍에 넣을 건지, 꺼내둘 건지,
사용하는 것을 상정해서 가구나 수납용품을 고르는 것이 중요하다.

공부

필요한 도구
- 01 교과서
- 02 노트
- 03 사전
- 04 책받침
- 05 연필
- 06 색연필
- 07 지우개
- 08 자
- 연필깎이

필요한 가구·소품 09
- 쓰레기통
- 티슈
- 시계
- 캐비닛
- 의자
- 책상

수납에 도움을 주는 물건

01 02 03 04 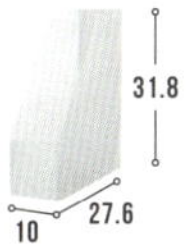
31.8 / 10 / 27.6
폴리프로필렌 스탠드 파일 박스·A4 사이즈

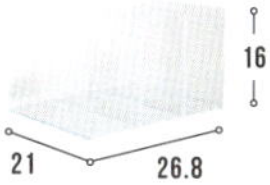

05 06 07 08
9.5 / 8.8 / 8.8 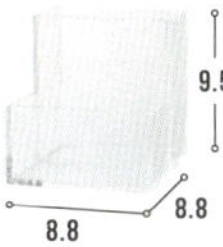
아크릴 소품 스탠드

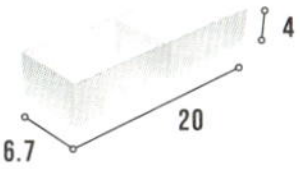

16 / 21 / 26.8
아크릴 칸막이 스탠드 (3칸)

4 / 6.7 / 20
폴리프로필렌 데스크 정리 트레이 3

교과서·노트 수납에!

문구 수납에!

필요한 가구·소품

09 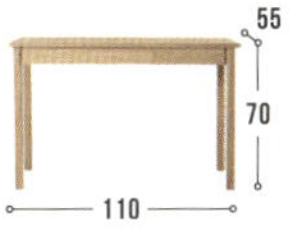
55 / 70 / 110
데스크·서랍식·떡갈나무

48 / 56 / 35
데스크 캐비닛 2단 서랍·떡갈나무

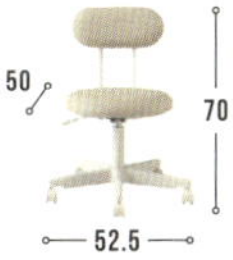

50 / 70 / 52.5
워킹 체어·가스 스프링·승강식·베이지

디지털 시계·S·알람 기능·화이트

오래 사용할 물건, 사용 목적에 맞는 크기를 고른다!

아이 방의 조닝

몸단장 공간

물건을 되돌려 놓을 공간을 확실하게 정하고 아이가 스스로 관리하기 쉽게 만드는 것이 중요하다.
여름방학 등 학교가 오래 쉴 때는 학교에 놔뒀던 물건을 전부 집에 가져오기도 한다.
그런 경우를 대비하여 수납공간에는 여유를 두는 게 좋다.

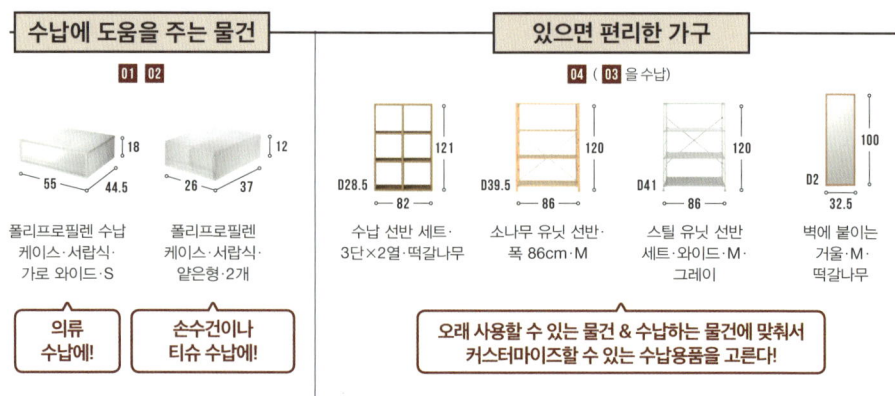

D = 깊이

아이 방의 조닝

수면 공간

수면 공간의 메인 수납공간이 되는 건 침대 밑 수납이나 침대 옆 수납.
누워서 사용하는 것을 상정해서 손이 닿기 편한 장소에 놔두면 편리하다.
청소하거나 이동하기 쉬운 장소를 고려해야 한다.

수면

필요한 가구 01
- 침대
- 매트리스
- 이불 (춘하·추동)
- 이불 커버
- 방석
- 모포
- 베개
- 베개 커버
- 시트

있으면 편리한 가구 02
- 체스트
- 책장
- 테이블

있으면 편리한 물품
- 책 03
- 티슈 04
- 안경 케이스 05
- 쓰레기통 06
- 방재 라이트 07

필요한 가구 01

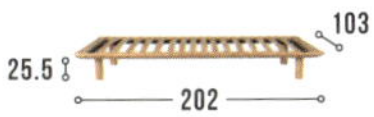

침대 프레임·싱글· 떡갈나무
25.5 × 202 × 103

침대 밑 수납 박스·L· 떡갈나무
19 × 80 × 90.5

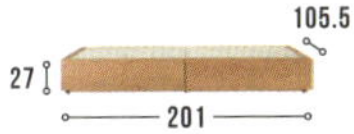

수납 침대·싱글· 떡갈나무
27 × 201 × 105.5

※ 침대 밑 수납에 관해서는 160페이지 참조

있으면 편리한 가구
(03 ~ 07 을 수납)

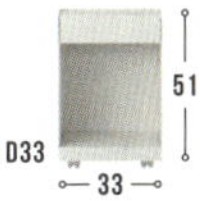

콤팩트 캐비닛· 스틸
D33 × 33 × 51

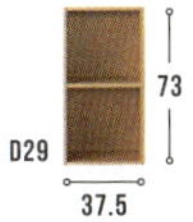

펄프 보드 박스·2단· 베이지
D39 × 37.5 × 73

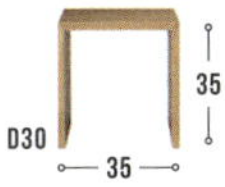

ㄷ자 가구·떡갈나무 폭35cm
D35 × 35 × 35

※ 침대에서 사용하는 물건을 모아둘 장소에!

수납에 도움을 주는 물건 03

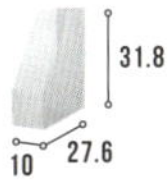

폴리프로필렌 스탠드 파일 박스· A4 사이즈
10 × 27.6 × 31.8

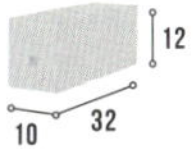

폴리프로필렌 파일 박스· 스탠더드 타입·1/2
10 × 32 × 12

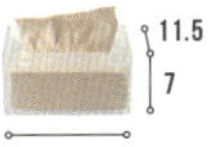

탁상용 티슈 박스 04
14 × 7 × 11.5

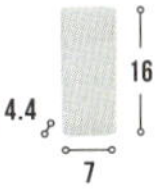

폴리프로필렌 안경· 소품 케이스· 스탠드식·L 05
4.4 × 7 × 16

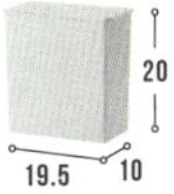

폴리프로필렌 더스트 박스·S(약 3ℓ) 06
19.5 × 10 × 20

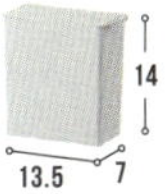

폴리프로필렌 더스트 박스· 미니(약 0.9ℓ)
13.5 × 7 × 14

EPISODE 17　정리하기·응용편

버리기 위해서가 아닌, 남기기 위한 수납정리

학창 시절에 친구에게 받은 편지, 애용하던 옷과 목욕 타월, 아이들에게 받은 초상화와 선물….

한정된 공간 내에 이런 보물을 남기려면 어떻게 하면 좋은지, 그 힌트는 그야말로 정리수납에 있다.

폴리프로필렌
수납 케이스·
서랍식·L

EPISODE 17 / 정리하기·응용편

버리지 않기 위한 수납 방법을 고려하기

오랫동안 소중히 사용하던 물건이나 좋아하는 사람에게 받은 선물….
소중한 추억이 담긴 물건을 버리는 것이 아니라 남기기 위해 정리수납을 해보자.

STEP.1 수납 방법을 생각한다
'형태가 망가지지 않도록 보관한다' '방에 장식해 둔다' 등 추억이 담긴 물건을 어떤 식으로 수납할지 생각한다.

STEP.2 수납용품을 고른다
STEP. 1에서 정한 수납 방법에 맞춰서 최적의 수납용품을 고른다. 수납용품의 종류나 고르는 법은 80페이지 참조.

STEP.3 수납한다
생활이나 피난 경로를 방해하지 않는 곳에. 다만 존재를 잊지 않도록 눈에 닿는 장소에 보관하자.

CASE 01

태어나고 나서부터 줄곧 소중히 여기던 아이의 목욕 타월

STEP.1 장식하듯 보관 **STEP.2** 없음 **STEP.3** 다이닝룸 선반 위

버릴 수 없는 아끼는 머리끈도 함께!

수건에 담긴 추억을 적어서 라벨 프린터로 리본에 프린트한 후, 그것을 곰 인형의 목 장식으로 사용했다. 딸이 버리지 못한 액세서리도 귀에 달아줬다.

딸이 태어났을 때 어머니가 사준 목욕 타월, 내가 처음으로 딸을 위해 산 목욕 타월… 이 목욕 타월은 아들도 물려받아 썼기에 많은 추억이 담겨 있다. 하지만 오랜 세월과 함께 헤져서 결국 더는 쓸 수 없게 됐다….

당연히 버리지는 못하고 고민하다가 '핸드 타월로 인형을 만든다'는 인터넷 기사를 보게 됐다! 그렇게 목욕 타월의 일부를 잘라서 고무줄로 감아 인형을 만들고, 남은 부분은 '고마운' 마음을 담아서 청소용으로 썼다. 이렇게 콤팩트하게 만들면 수납공간도 차지하지 않으며 장식하듯 보관할 수도 있다.

CASE 02

딸이 좋아하는 사람에게 받은 망가진 링

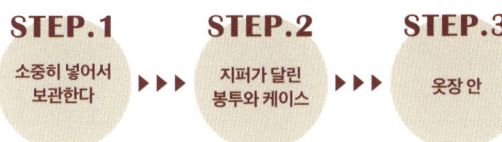

STEP.1 소중히 넣어서 보관한다 ▶▶▶ STEP.2 지퍼가 달린 봉투와 케이스 ▶▶▶ STEP.3 옷장 안

선물 코너에 사용 중인 수납용품은 칸막이가 달린 서랍식 케이스. 친구에게 받은 선물이나 추억이 담긴 물건을 소중히 보관하고 있다.

오랫동안 딸이 버리지 못하고 있는 물건 중에 '망가진 링'이 있다. 제부가 딸아이에게 선물한 것이었다. 딸이 아끼던 물건인데 어느 날, 떨어져서 그만 깨지고 말았다.

언니 부부는 미국에 살고 있기에 자주 보지 못한다. 그래서 링이 망가졌어도 딸이 아껴서 보관했던 것이리라. 소중히 보관하고자 마음먹은 링은 더 깨지지 않도록 지퍼가 달린 봉투에 넣어서 딸의 방 안에 있는 옷장 선물 코너에 넣어놨다.

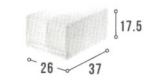

폴리프로필렌 케이스·서랍식·깊은형 2개

구분 주머니·아소트 타입·4가지 사이즈·11매입

아이들에게 받은 선물은 '잘 받았어'라는 뜻이 전달될 수 있도록 일부러 아이들의 눈이 닿지 않는 곳에 보관하고 있다.

내가 정리수납을 할 때 가장 신경 쓰는 부분은 '추억이 담긴 물건을 억지로 버리지 않는 것'이다. 추억이 담긴 물건은 날마다 늘기 마련이다. 하지만 그걸 버려야만 한다고 생각하면 정리수납이 무척 괴로운 일이 되고 만다. 그렇기에 나는 '추억이 담긴 물건을 보관할 공간을 넓히기 위해 정리수납을 하는 거지!'라고 생각하고 있다.

추억이 담긴 물건을 수납할 때는 물건 주인의 마음을 가장 우선하고, 억지로 처분하지 않도록 신경 쓰고 있다.

EPISODE 17 / 정리하기·응용편

'추억이 담긴 물건'을 분류 및 보관하기

추억이 담긴 물건의 양이 적다면 한곳에 모아서 보관하는 방법도 좋지만,
양이 많거나 점점 늘어난다면 분류해서 수납하는 방법을 추천한다.

'추억이 담긴 물건을 분류하라'는 말을 들으면 조금 귀찮게 여겨질 수 있다. 하지만 그 번거로운 과정을 넘어서기만 하면 장점이 무척 많다.

특히 추억이 담긴 물건을 언제든 확인할 수 있도록 보관하고 싶은 경우라면 더욱 좋다. 분류해두면 각 물건에 맞는 수납 방법을 고를 수 있으며, 그만큼 언제든 쉽게 확인할 수 있다.

분류하면 무엇이 어느 정도 있는지 파악할 수도 있다. 내용물이나 양을 파악하지 못하면 결국에는 그 존재를 잊어버릴 수 있다.

점점 늘어나는 추억이 담긴 물건을 제대로 관리하기 위해서, 그리고 자신과 가족의 마음과 마주하기 위해서라도 추억이 담긴 물건을 분류하는 것에 조금 시간을 들여보도록 하자.

01 먼지가 쌓이는 것을 방지하며 보관한다

함석 박스·
뚜껑식·S

사진이나 편지 등 먼지가 쌓이는 것을 방지하고 싶은 물건은 뚜껑이 달린 상자에 넣어서 보관.

02 한눈에 보기 쉽게 보관한다

폴리프로필렌
클리어 홀더·사이드
수납·A4·40포켓

사이드수납 홀더는 좌우의 포켓을 사용해 커다란 작품도 넣을 수 있기에 편리하다(최대 A3 사이즈).

03 형태가 망가지지 않도록 보관한다

펄프 보드 뚜껑식 박스·
S·3개입

형태가 망가지거나 오염되는 것을 막고 싶은 물건은 종류별로 나눠서 조금씩 박스에 넣는다.

04 정리해서 보관한다

폴리프로필렌 앨범·L판·
264매용

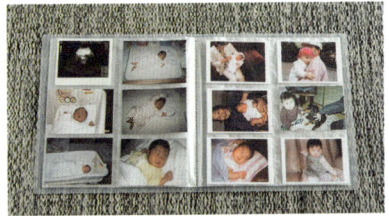

L판(89cm×127cm) 사이즈의 사진이 들어가는 커다란 앨범은 펼쳐서 많은 사진을 볼 수 있으므로 추천!

05 장식하며 보관한다

벽걸이 프레임·
A4 사이즈·
떡갈나무

기간을 정해 장식할 물건을 돌아가며 장식하여 존재를 잊지 않게 한다.

06 한곳에 모아서 보관한다

폴리프로필렌
락 캐리 박스·S

부피가 큰 물건은 커다란 케이스에 뭉뚱그려서 넣는다. 잠금쇠가 달려 있기에 소중하게 보관할 수 있다.

D=깊이

무인양품의 식품과 나

우리 가족은 모두 무인양품의 레토르트 식품과 과자를 좋아한다.
작은 포장 처리되어 콤팩트한 것이 많은 점도 매력적이다.

데워서 먹는
즉석밥·잡곡쌀

나는 외식할 때마다 밥을 잡곡으로 바꿔달라고 하기에 이 제품을 발견했을 때는 엄청나게 흥분했다! 재해대비용 비상 식품으로도 활용하고 있다.

소용량 카레·
일본산 사과와 야채

무인양품의 카레를 먹을 때 아이들은 언제나 하나를 둘이서 나눠 먹곤 했다. 아이가 혼자서 전부 먹을 수 있는 크기가 나와서 기쁘다!

버터 치킨 카레

큰 인기를 끌고 있는 버터 치킨 카레. 나는 크리미한 것보다 이쪽이 좋다! 재해를 대비하여 즉석밥과 함께 보관하고 있다.

덮밥처럼 먹을 수 있는
육개장

아이들과 함께 있을 때는 매운 메뉴는 만들 수 없기에 집에서 혼자서 점심을 먹을 때 자주 먹게 되는 식품. 땀이 날 정도의 매콤함이 중독성 있다.

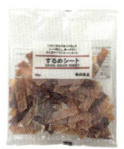

마른오징어

남편과 내가 아주 좋아하는 간식. '살짝 출출할 때' 가볍게 먹을 수 있는 콤팩트한 사이즈가 마음에 든다.

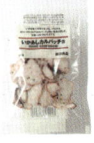

오징어 다리 카르파초

아이들이 아주 좋아한다. 각각 하나씩 안 사주면 싸우기 일쑤라 매번 2세트를 산다. 먹다 남았을 때는 클립으로 봉한다(166페이지).

우지 말차 바움

딸은 말차를 무척이나 좋아하는데 그중에서도 이 우지 말차 바움을 최고로 꼽는다. 오후 3시 간식 시간에 이걸 주면 엄청 기뻐한다.

화이트 초코 딸기

초콜릿을 좋아하는 나로서는 애정할 수밖에 없는 간식. 전부터 무인양품의 문구와 과자를 무척 좋아했지만, 초코 딸기 시리즈는 특히 각별하다.

과즙 100% 귤 소다

탄산음료를 거의 마시지 않는 딸이 좋아하는 음료. 과즙 100%의 탄산음료는 그다지 많지 않은데 '귤의 맛이 진해서 맛있다!'고 큰 인기를 끌고 있다.

EPILOGUE

앞으로의 일

**앞으로도
무인양품만
쓸 거야**

무인양품의 수납용품 분류표

무인양품의 수납용품을 '수납 방법' '소재' '타입'별로 분류했다. 사용하는 사람이나 장소에 맞는 수납용품을 고를 때 유용하리라 생각한다. 수납용품을 고르는 법에 관해서는 80~85페이지를 참조하자.

소개한 상품의 단위: cm(D=깊이, H=높이, Ø=직경)

수납 방법
⌄
195페이지

소재
⌄
199페이지

타입
⌄
207페이지

수납방법 01

공간 나누기

상하나 좌우로 공간을 나누기 위해 도움이 되는 수납용품.
서랍과 선반 등의 작은 공간, 벽장이나 옷장 등의 커다란 공간 등
각각의 공간 크기에 적합한 물건이 있다.

서랍·선반 등의 작은 공간을 나눈다

폴리스티렌 칸막이·
M(5매입)

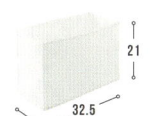

높이 조절 부직포 칸막이
케이스·M(2매입)

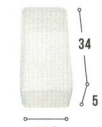

폴리프로필렌
정리 박스 4

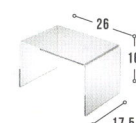

아크릴
선반 파티션

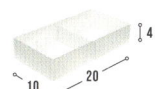

폴리프로필렌
데스크 정리 트레이 2

ABS 수지 다리 부착 트레이·
1/2·A5 사이즈

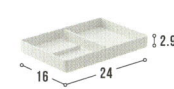

ABS 수지 칸막이 트레이·
1/2·A5 사이즈

라탄 직사각형 박스·
하프·얕은형

벽장·옷장 등의 커다란 공간을 나눈다

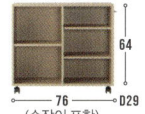

펄프 보드 박스·
캐스터 부착·베이지

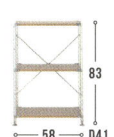

스테인리스 유닛 선반·
떡갈나무 선반 세트·S

ㄷ자 가구·
호두나무

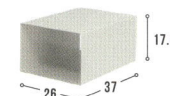

폴리프로필렌 케이스·
서랍식·스틸 프레임·깊은형

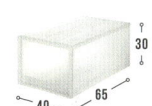

폴리프로필렌
의류 케이스·서랍식·깊은형

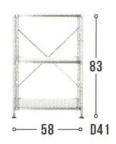

스테인리스
유닛 선반 세트·S

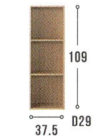

펄프 보드 박스·
3단·베이지

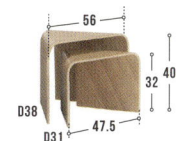

테이블 벤치·
떡갈나무·L/S 세트

수납방법 02

세우기

의류·잡지·생활잡화 등을 세워서 보관하기 위해 도움이 되는 수납용품.
집 안에는 '세움'으로써 넣고 빼기 쉬워지는 물건이 많다.

BEAUTIFUL
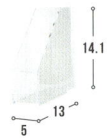
아크릴 레터 스탠드

BEAUTIFUL
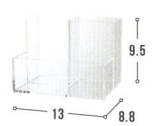
아크릴 소품 스탠드

BEAUTIFUL

아크릴 펜 스탠드

BEAUTIFUL
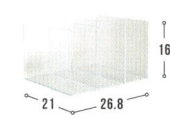
아크릴 칸막이 스탠드(3칸)

BEAUTIFUL

아크릴 수납 스탠드·A5 사이즈

SIMPLE

스틸 칸막이판·M

SIMPLE
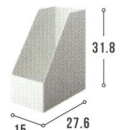
폴리프로필렌 스탠드 파일 박스·와이드·A4 사이즈·화이트 그레이

SIMPLE
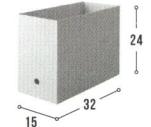
폴리프로필렌 파일 박스 스탠더드 타입·와이드·A4 사이즈·화이트 그레이

SIMPLE
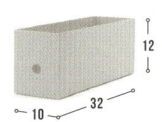
폴리프로필렌 파일 박스 스탠더드 타입·화이트 그레이·1/2

SIMPLE
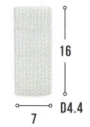
폴리프로필렌 안경·소품 케이스·스탠드식·L

SIMPLE

폴리프로필렌 파일 박스용 펜 포켓

COOL
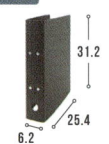
2홀 파일·파이프식·A4·50mm·다크 그레이

COOL

함석 박스·삼각형·L

NATURAL

목제 스탠드

NATURAL

MDF 펜 스탠드

NATURAL
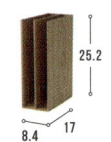
MDF 수납 스탠드·A5 사이즈

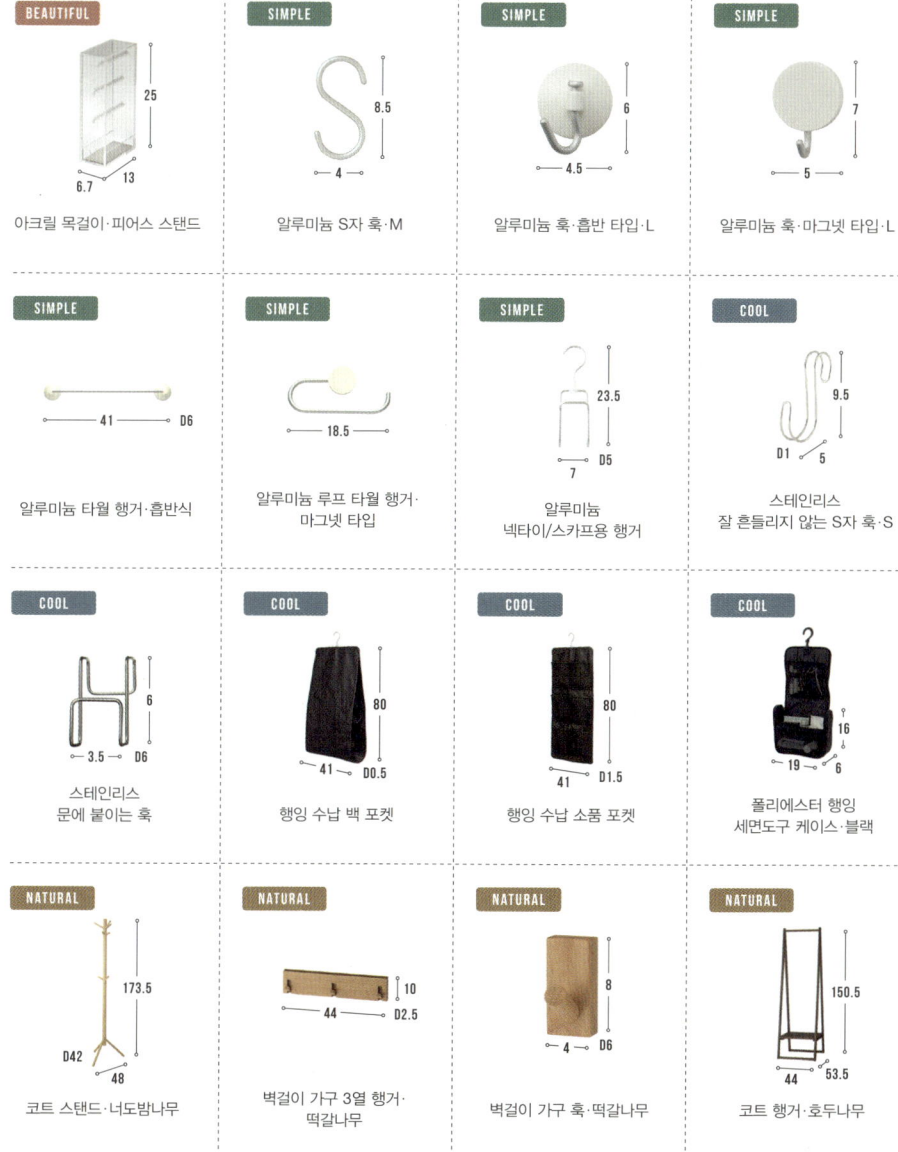

수납방법 04

쌓기

공간이 한정되어 옆으로 늘어놓을 수는 없지만 위아래 공간은 살릴 수 있을 때 활약하는 것이 바로 쌓을 수 있는 수납용품이다.

- 폴리프로필렌 튼튼한 수납 박스·XL
- 폴리프로필렌 케이스·서랍식·얕은형·화이트 그레이
- 폴리프로필렌 메이크 박스
- 폴리프로필렌 락 캐리 박스·S
- 폴리에틸렌 케이스·M
- 폴리에틸렌 케이스용 뚜껑 (플러스 α: 뚜껑을 달면 쌓을 수 있다)
- 스테인리스 와이어 바스켓 1
- 함석 박스·뚜껑식·S (손잡이 포함)
- 경질 펄프 박스·서랍식·깊은형
- 펄프 보드 박스·서랍식·가로 와이드·깊은형
- 펄프 보드 박스·뚜껑식
- 펄프 보드 뚜껑식 박스·L(2개입)
- 대나무 직사각형 박스·M
- 야자 껍질 직사각형 바스켓·M
- 라탄 직사각형 바스켓·M
- 라탄 각형 바스켓·M

BEAUTIFUL = 예쁨　SIMPLE = 심플　COOL = 멋짐　NATURAL = 내추럴

소재 01

폴리프로필렌 〈 대형 케이스 〉

벽장이나 옷장에 딱 맞게 넣을 수 있는 커다란 서랍식 케이스.
각각 높이가 다른 아이템이 갖춰져 있다(폭과 깊이는 동일).

의류 케이스

- 폭 40, 깊이 65

높이 30	높이 24	높이 18
폴리프로필렌 의류 케이스·서랍식·깊은형	폴리프로필렌 의류 케이스·서랍식 L	폴리프로필렌 의류 케이스·서랍식·S

클로짓 케이스

- 폭 40, 깊이 55

높이 30	높이 24	높이 18
폴리프로필렌 클로짓 케이스·서랍식·깊은형	폴리프로필렌 클로짓 케이스·서랍식·L	폴리프로필렌 클로짓 케이스·서랍식·S

수납 케이스·가로 와이드

- 폭 55, 깊이 44.5

높이 30	높이 24	높이 18
폴리프로필렌 수납 케이스·서랍식·가로 와이드·깊은형	폴리프로필렌 수납 케이스·서랍식·가로 와이드·L	폴리프로필렌 수납 케이스·서랍식·가로 와이드·S

수납 케이스

- 폭 34, 깊이 44.5

높이 30	높이 24	높이 18
폴리프로필렌 수납 케이스·서랍식·깊은형	폴리프로필렌 수납 케이스·서랍식·L	폴리프로필렌 수납 케이스·서랍식·S

소재 01

폴리프로필렌 〈 중·소형 케이스 〉

겹쳐 쌓아서 사용할 수 있고, 수납 가구에도 딱 맞게 들어가는 서랍식 케이스.
우리 집에서도 예전부터 식품 보관용이나 육아용품 세트를 넣을 때 활용하고 있다.

서랍식·깊은형

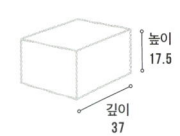
높이 17.5 / 깊이 37

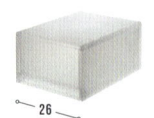
26
폴리프로필렌 케이스·
서랍식·깊은형

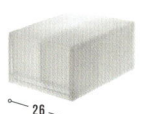
26
폴리프로필렌 케이스·
서랍식·깊은형·2개

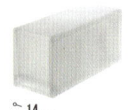
14
폴리프로필렌 케이스·
서랍식·하프·깊은형·1개

서랍식·얕은형

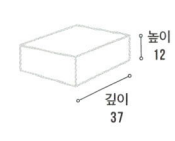
높이 12 / 깊이 37

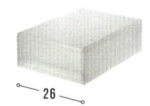
26
폴리프로필렌 케이스·
서랍식·얕은형

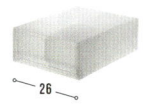
26
폴리프로필렌 케이스·
서랍식·얕은형·2개

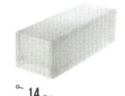
14
폴리프로필렌 케이스·
서랍식·하프·얕은형·1개

서랍식·얇은형

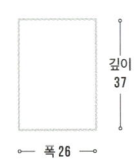
깊이 37 / 폭 26

9
폴리프로필렌 케이스·
서랍식·얇은형·세로

16.5
폴리프로필렌 케이스·
서랍식·얇은형·2단

서랍식·가로 와이드

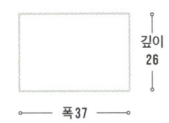
깊이 26 / 폭 37

9
폴리프로필렌 케이스·
서랍식·가로 와이드·얇은형

12
폴리프로필렌 케이스·
서랍식·가로 와이드·얕은형

17.5
폴리프로필렌 케이스·
서랍식·가로 와이드·깊은형

소재 01

폴리프로필렌 〈 파일 박스 〉

서류나 잡지, 소품의 정리수납에 편리한 파일 박스.
내용물이 보이는 반투명 제품 외에도 확실히 가릴 수 있는 화이트 그레이 색도 있다.

스탠드 파일 박스

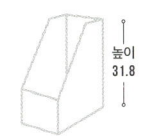
높이 31.8

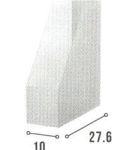
10 27.6
폴리프로필렌 스탠드
파일 박스·A4 사이즈

15 27.6
폴리프로필렌 스탠드
파일 박스·와이드·A4 사이즈

5 27.4
폴리프로필렌 스탠드
파일 박스·하프

스탠더드 타입

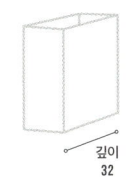
깊이 32

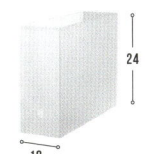
24
10
폴리프로필렌 파일 박스·
스탠더드 타입·A4 사이즈

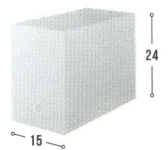
24
15
폴리프로필렌 파일 박스·
스탠더드 타입·와이드·
A4 사이즈

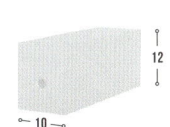
12
10
폴리프로필렌 파일 박스·
스탠더드 타입·1/2

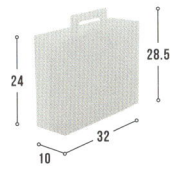
24 28.5
32
10
폴리프로필렌
손잡이 부착 파일 박스

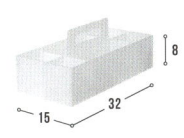
8
15 32
폴리프로필렌
수납 캐리 박스·와이드

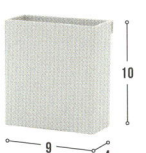
10
9 4
폴리프로필렌
파일 박스용 포켓

5
9 4
폴리프로필렌
파일 박스용 구분 포켓

10
4 4
폴리프로필렌
파일 박스용 펜 포켓

3
19 D0.4
마그넷 바

화이트보드에 마그넷 바를 붙이면
소품용 포켓을 걸 수 있다.

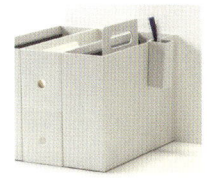
파일 박스에 포켓을 걸면 자잘한
문구 보관할 때 편리하다.

소재 01

폴리프로필렌 박스·정리 트레이

서랍 안에 넣어서 분류 수납할 수 있는 아이템.
네 가지 사이즈를 조합하면 어떤 서랍에도 딱 맞는다.

정리 박스

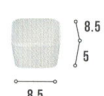
8.5 / 5 / 8.5
폴리프로필렌
정리 박스 1

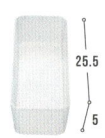
25.5 / 5 / 8.5
폴리프로필렌
정리 박스 2

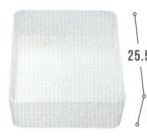
25.5 / 5 / 17
폴리프로필렌
정리 박스 3

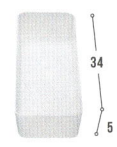
34 / 5 / 11.5
폴리프로필렌
정리 박스 4

데스크 정리 트레이

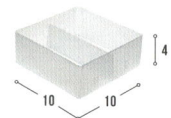
4 / 10 / 10
폴리프로필렌
데스크 정리 트레이 1

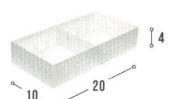
4 / 10 / 20
폴리프로필렌
데스크 정리 트레이 2

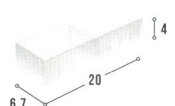
4 / 6.7 / 20
폴리프로필렌
데스크 정리 트레이 3

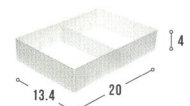
4 / 13.4 / 20
폴리프로필렌
데스크 정리 트레이 4

3 / 9.7 / D0.3
폴리프로필렌
데스크 정리 트레이 1,2용
칸막이·3개 세트

3 / 6.3 / D0.3
폴리프로필렌
데스크 정리 트레이 3용
칸막이·3개 세트

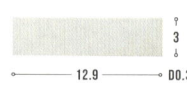
3 / 12.9 / D0.3
폴리프로필렌
데스크 정리 트레이 4용
칸막이·3개 세트

24 / 28 / 32 / D7
세워서 수납이 가능한
캐리 케이스·A4 사이즈

24 / 28 / 32 / D7
세워서 수납이 가능한
캐리 케이스·A4 사이즈·
화이트 그레이

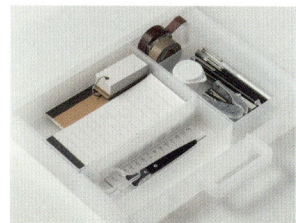

세워서 수납이 가능한 캐리 케이스에 데스트 정리 트레이를 넣어서 자잘한 물건을 분류 및 수납한다.

소재 01

폴리프로필렌 〈 기타 〉

가볍고 튼튼한 폴리프로필렌은 아이가 안심하고 사용할 수 있고 물에도 강하다.
아이 방이나 다이닝룸, 주방 등 다양한 곳에서 사용하고 있다.

메이크 박스

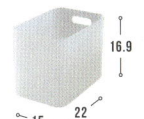
폴리프로필렌
메이크 박스

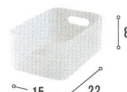
폴리프로필렌
메이크 박스·1/2

폴리프로필렌
메이크 박스·뚜껑식·L

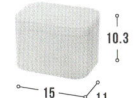
폴리프로필렌
메이크 박스·뚜껑식·S

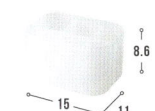
폴리프로필렌 메이크 박스·
1/2 가로형·하프·칸막이형

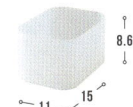
폴리프로필렌 메이크 박스·
1/2 가로형·하프

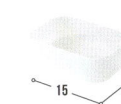
폴리프로필렌 메이크 박스·
1/4 가로형·하프

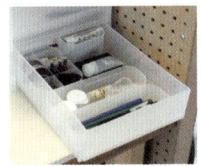
메이크 박스는 모서리가 둥글어서 내용물을 꺼내기 편하고 안전하다.

캐리 박스

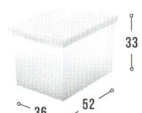
폴리프로필렌
락 캐리 박스·깊은형

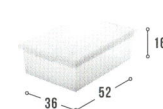
폴리프로필렌
락 캐리 박스·L

튼튼한 수납 박스

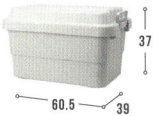
폴리프로필렌
튼튼한 수납 박스·L

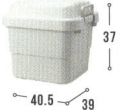
폴리프로필렌
튼튼한 수납 박스·S

기타

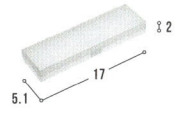
폴리프로필렌
펜 케이스·S

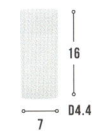
폴리프로필렌
안경·소품 케이스·
스탠드식·L

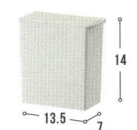
폴리프로필렌
더스트 박스·미니(약 0.9ℓ)

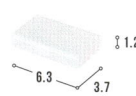
폴리프로필렌
소품 케이스·SS

소재 02

아크릴

수지의 일종인 아크릴은 잘 깨지지 않고 흠집도 쉽게 생기지 않는 것이 특징이다.
투명도도 뛰어나서 '보이는 수납'에 도움이 된다.

소재 03

스테인리스·함석

튼튼해서 쉽게 망가지지 않는 스테인리스나 함석은 물에도 강해서 편리하다. 겉보기도 세련됐다.

스테인리스

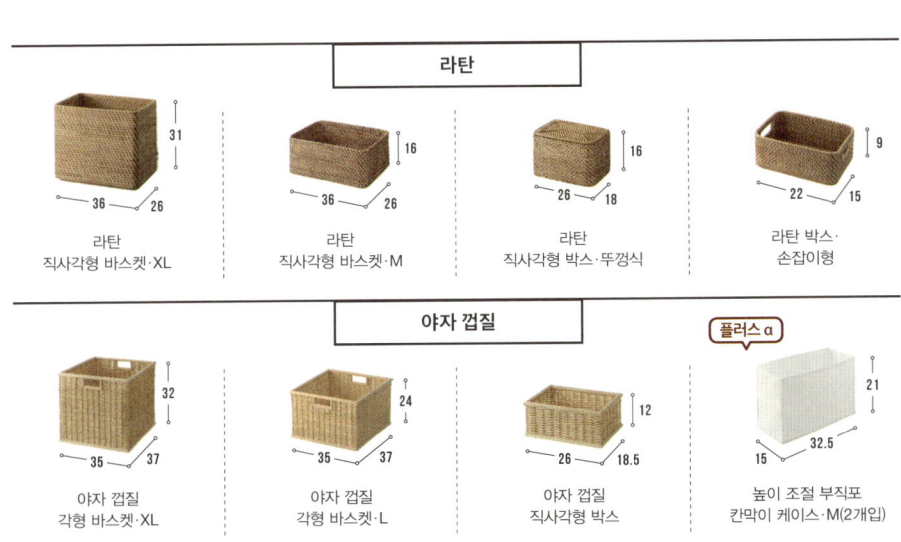

스테인리스 와이어 바스켓 1 (26 × 18, 18)
스테인리스 와이어 바스켓 2 (37 × 26, 8)
스테인리스 와이어 바스켓 3 (37 × 26, 12)
스테인리스 와이어 바스켓 4 (37 × 26, 18)

함석

함석 박스 뚜껑식·L (25.5 × 36, 21) (손잡이 포함)
함석 박스 뚜껑식·S (20 × 29, 15) (손잡이 포함)
함석 양동이·약 7L (⌀27, 17)
함석 박스 삼각형·S (24 × 24, 24)

소재 04

라탄·야자 껍질

자연의 부드러운 느낌이 매력적인 천연소재. 칸막이 케이스와 함께 사용하면 내용물이 걸리는 것도 방지할 수 있다.

라탄

라탄 직사각형 바스켓·XL (36 × 26, 31)
라탄 직사각형 바스켓·M (36 × 26, 16)
라탄 직사각형 박스·뚜껑식 (26 × 18, 16)
라탄 박스·손잡이형 (22 × 15, 9)

야자 껍질

야자 껍질 각형 바스켓·XL (35 × 37, 32)
야자 껍질 각형 바스켓·L (35 × 37, 24)
야자 껍질 직사각형 박스 (26 × 18.5, 12)

플러스 α

높이 조절 부직포 칸막이 케이스·M(2개입) (15 × 32.5, 21)

소재 05

골판지·경질 펄프

가벼운 골판지 소재와 내구성이 뛰어난 경질 펄프.
차분한 분위기의 수납을 만들기에도 최적이다.

골판지

| 펄프 보드 박스·
서랍식·깊은형 | 펄프 보드 뚜껑식 박스·
S(3개입) | 원터치 스탠드 파일 박스·
5매입 | 원터치 파일 박스·5매입·
A4 사이즈·다크 그레이 |

경질 펄프

| 경질 펄프 박스·
서랍식·깊은형 | 경질 펄프 서랍·2칸 | 경질 펄프 서랍·4칸 | 경질 펄프 박스·뚜껑식 |

소재 06

폴리에스터

천 소재로 된 상자라 어린아이도 안심하고 사용할 수 있는 점이 좋다.
크고 작은 제품이 있기에 장난감이나 의류 수납 등에 폭넓게 사용할 수 있다.

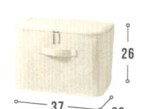

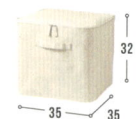

| 폴리에스터 면마 혼방
소프트 박스·장방형·M | 폴리에스터 면마 혼방
박스·장방형·M·덮개식 | 폴리에스터 면마 혼방
소프트 박스·L | 폴리에스터 면마 혼방
소프트 박스·덮개식·L |

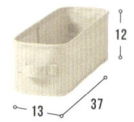
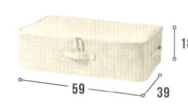

| 폴리에스터 면마 혼방
소프트 박스·하프·L | 폴리에스터 면마 혼방
소프트 박스·얕은형·하프 | 폴리에스터 면마 혼방
소프트 박스·의류 케이스 | 사용하지 않을 때는 콤팩트하게
접어서 보관할 수 있다. |

타입 01

내용물이 보임·동작 없음

넣고 뺄 때 '서랍을 당긴다' '뚜껑을 연다' 등의 동작이 필요하지 않고
내용물이 보이는 수납용품은 가장 편리하게 수납할 수 있는 타입이다.
단독으로 사용하는 것이 아니라 선반 등에 올려놓을 때는 동작이 발생하므로 주의가 필요하다.

타입 02

내용물이 보임·동작 있음

알기 쉽게 내용물이 보이게 하고 싶지만 먼지가 쌓이는 건 싫다.
이런 사람은 아크릴이나 폴리프로필렌의 수납용품이 잘 맞을 것이다.

타입 03

내용물이 보이지 않음·동작 없음

편하게 넣고 빼고 싶지만, 겉으로 볼 때도 깔끔하길 원하는 사람은 이 타입.
천연소재나 폴리프로필렌의 화이트 그레이 색을 추천한다.
여기에서 소개하는 것은 어디까지나 단독으로 두고 사용하는 것을 상정하고 있다.

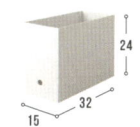

폴리프로필렌 파일 박스·
스탠더드 타입·와이드·
A4 사이즈·화이트 그레이

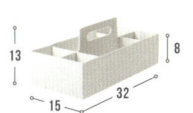

폴리프로필렌
수납 캐리 박스·와이드·
화이트 그레이

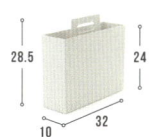

폴리프로필렌
손잡이 부착 파일 박스·
화이트 그레이

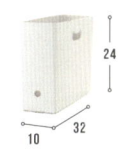

발포 폴리프로필렌 파일
박스·스탠더드(3매입)

알루미늄 용기

라탄 각형 바스켓·M

라탄 직사각형 바스켓·M

야자 껍질 각형 바스켓·XL

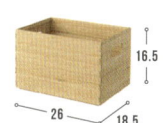

대나무 직사각형 박스·
하프·M

목제 스탠드

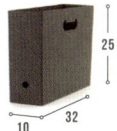

원터치 파일 박스 5매입·
A4 사이즈·다크 그레이

펄프 보드·서랍형

폴리에스터 면마 혼방
소프트 박스·장방형·M

폴리에틸렌 케이스·
하프·M

폴리에틸렌 케이스·
원형·깊은형

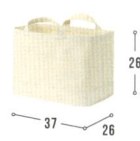

손잡이 부착 캔버스
장방형 바스켓·L

타입 04

내용물이 보이지 않음·동작 있음

방을 깔끔하게 정리하고 싶을 때는 숨기는 수납을 하자.
저장할 비품이나 추억이 담긴 물건 등을 장기간 보관하기에도 적합하다.

폴리프로필렌
튼튼한 수납 박스·S

폴리프로필렌 스툴

폴리프로필렌 보존 용기가
되는 도시락 460㎖

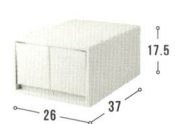
폴리프로필렌 케이스·
서랍식·깊은형·2개·
화이트 그레이

세워서 수납이 가능한
캐리 케이스·A4 사이즈·
화이트 그레이

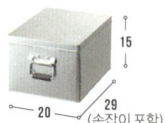
함석 박스 뚜껑식·S

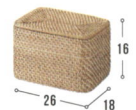
라탄 직사각형 박스·뚜껑식

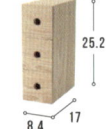
MDF 소품 수납 박스 3단

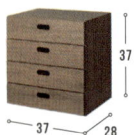
적층형 체스트 서랍·
4단·호두나무

펄프 보드 박스·뚜껑식

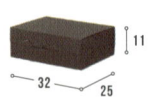
펄프 보드 뚜껑식 박스·
L(2개입)

경질 펄프 서랍·2칸

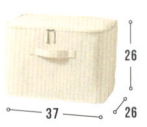
폴리에스터 면마 혼방 소프트
박스·장방형·덮개식·M

행잉 수납 지퍼 부착 포켓

폴리에스터 행잉 케이스·
탈착 파우치 부착·블랙

나일론 손잡이 파우치·블랙

물건 치수표

수납물품의 적정량을 고려할 때 기본적인 물건 사이즈를 알고 있으면 편리하다. 수납용품을 고를 때도 도움을 주므로 치수표를 제대로 활용해 봤으면 한다. 적정량에 관해서는 42~43페이지도 참조하자.

치수는 독자적으로 조사한 것이다(일부 일반사단법인 일본 수납 플래너 협회의 자료를 바탕으로 작성). 대략적인 수치이므로 실제로 사용 중인 물건의 치수와 다를 수 있다.
단위:cm(D=깊이, Ø=직경)

거실

가구

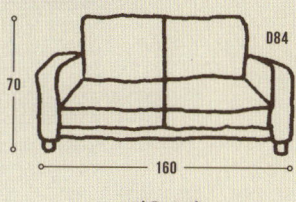
2인용 소파

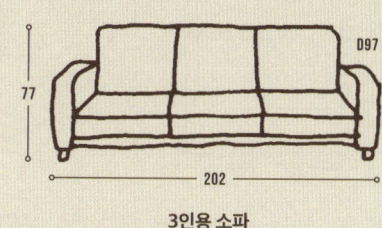
3인용 소파

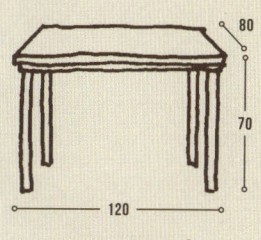
다이닝 테이블

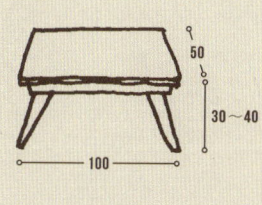
로 테이블

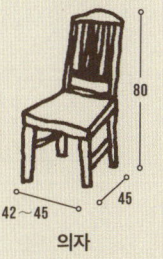
의자

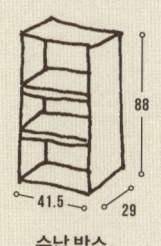
수납 박스

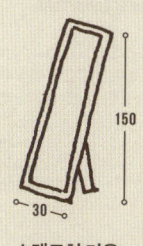
스탠드형 거울

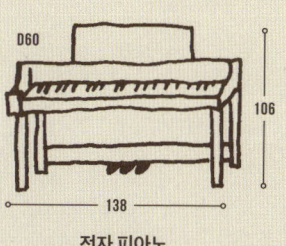
전자 피아노

업라이트 피아노

거실

가전제품

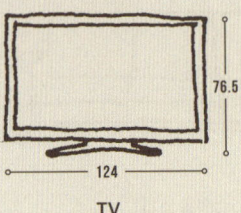
TV

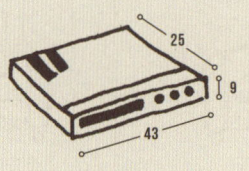
DVD 플레이어

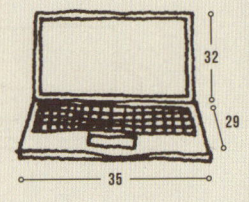
소형 노트북 컴퓨터

전화기

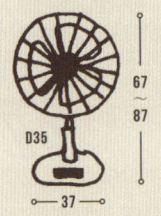
선풍기

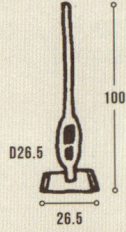
무선 청소기

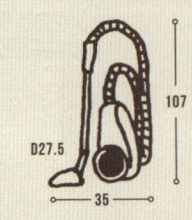
청소기

아이용품

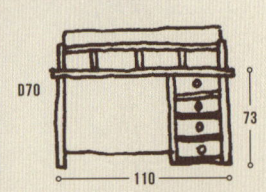
공부용 책상

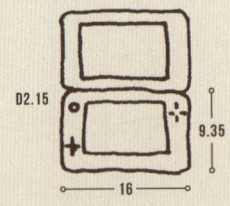
게임기(세로형)

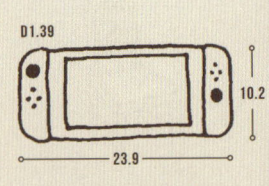
게임기(가로형)

가방

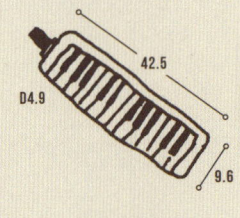
피아니카

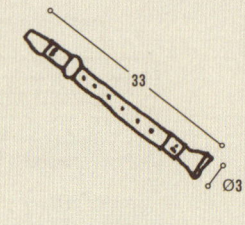
리코더

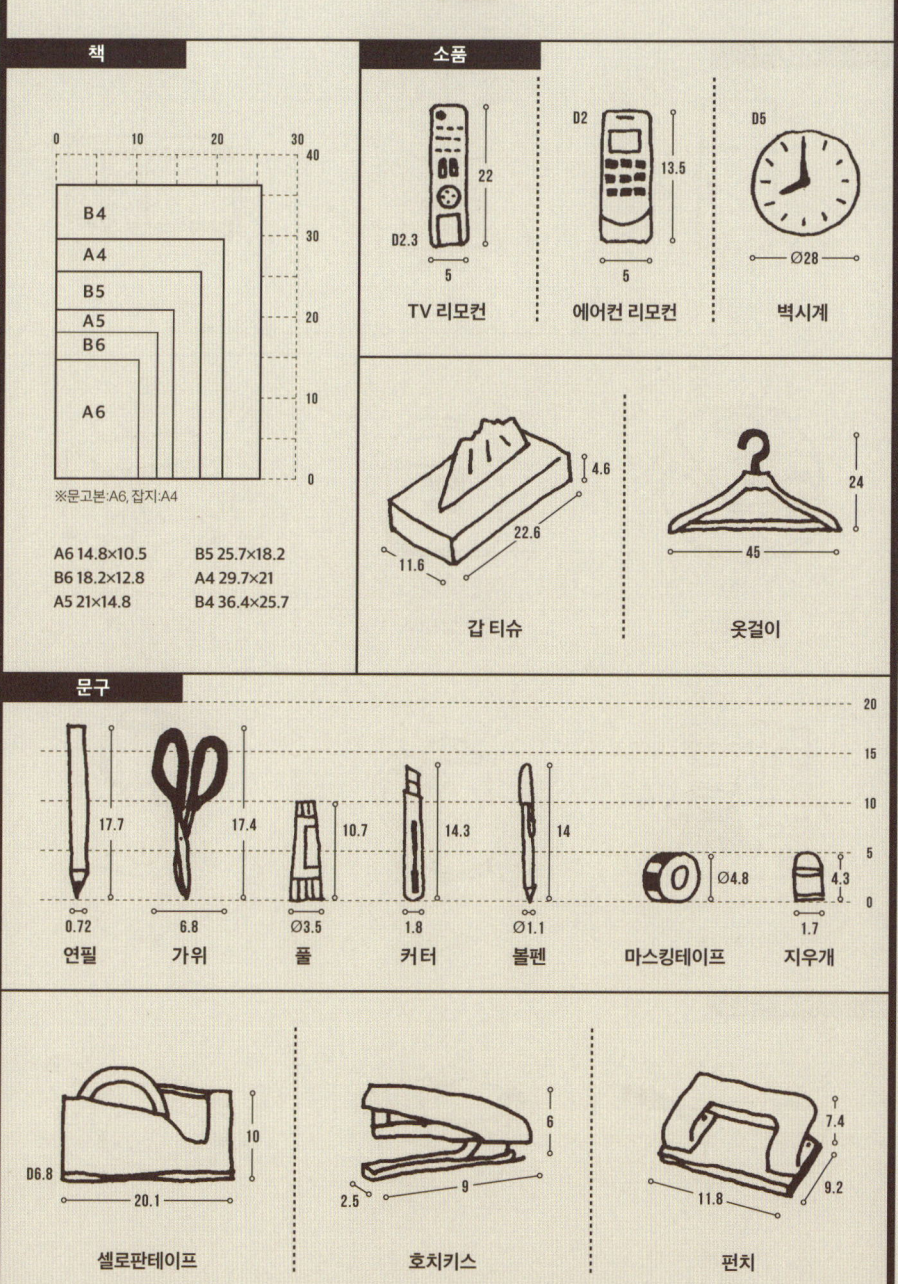

주방

가전

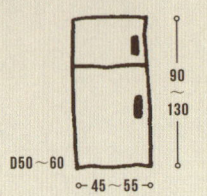
2도어 냉장고

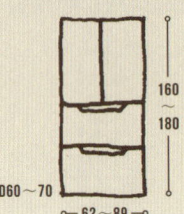
3도어 냉장고

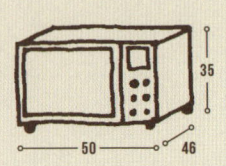
전자레인지

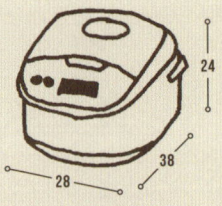
전기밥솥(대)

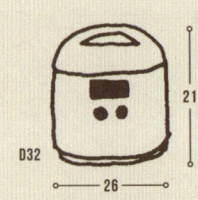
전기밥솥(소)

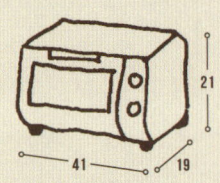
오븐 토스터

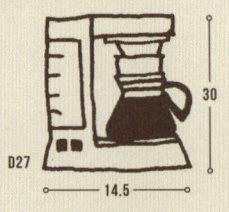
커피 메이커

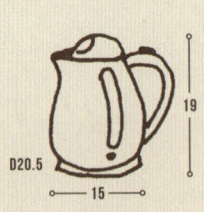
주전자

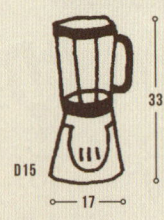
믹서

냄비

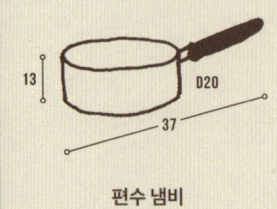
편수 냄비

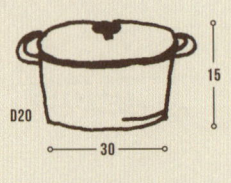
양수 냄비

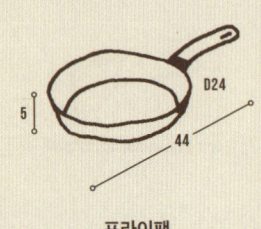
프라이팬

주방

주방 도구

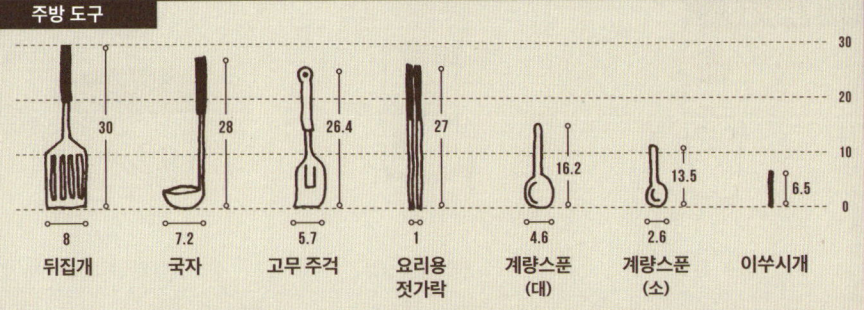

식기

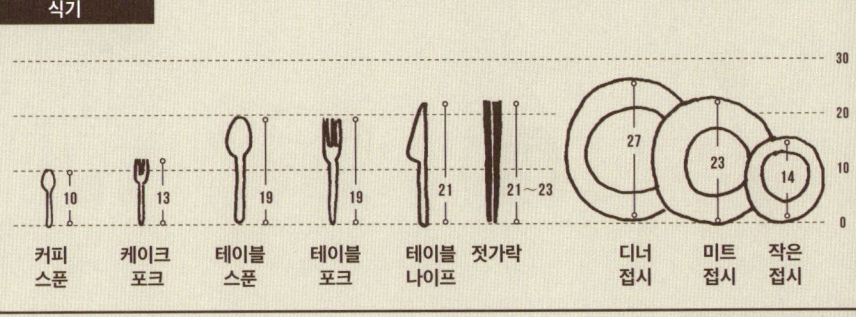

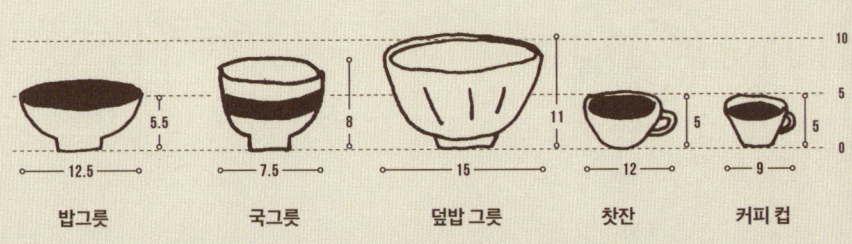

물을 쓰는 곳

욕실·탈의실

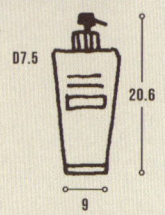
샴푸·린스
D7.5, 20.6, 9

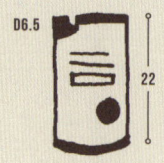
샴푸·린스 리필
D6.5, 22, 13

가루세제(900g)
15.4, 12.2, 9.5

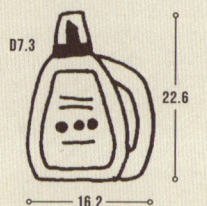
세탁용 세제(900g)
D7.3, 22.6, 16.2

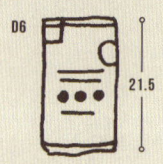
세탁용 세제 리필
D6, 21.5, 12

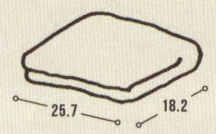
개킨 페이스 타월
25.7, 18.2

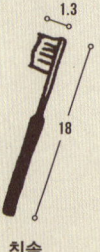
칫솔
1.3, 18

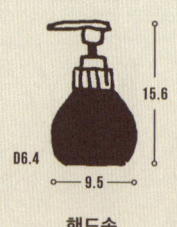
핸드솝
15.6, D6.4, 9.5

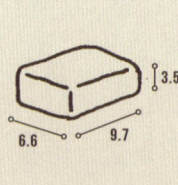
비누
3.5, 6.6, 9.7

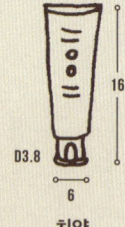
치약
16, D3.8, 6

세탁기

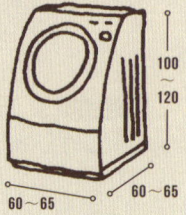
대형
100~120, 60~65, 60~65

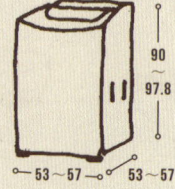
소형
90~97.8, 53~57, 53~57

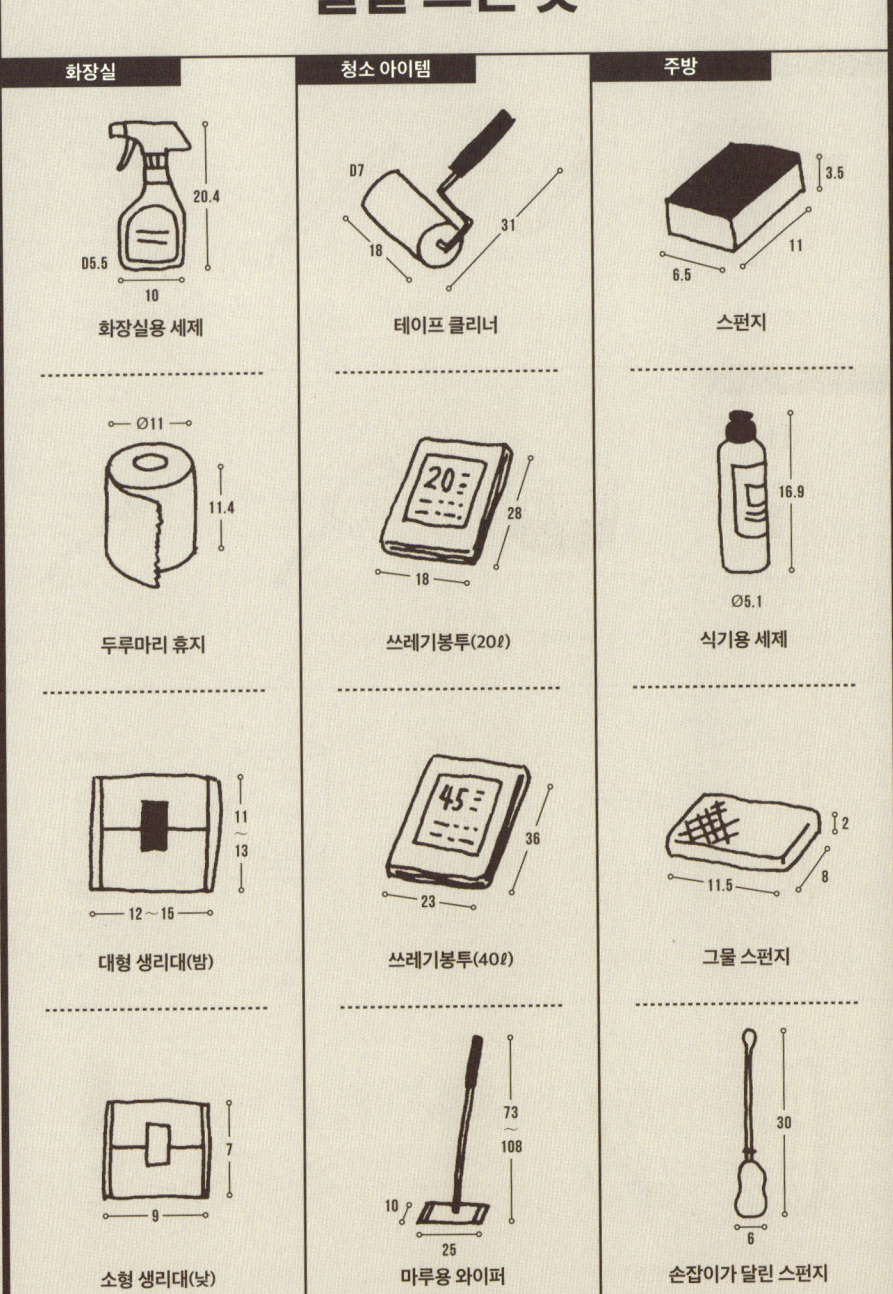

미용

가전

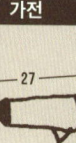
드라이어

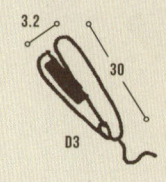
헤어 아이론

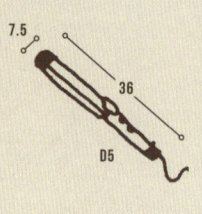
고데기

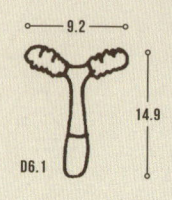
페이스 롤러

소품

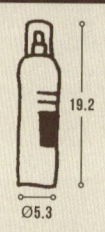
헤어스프레이

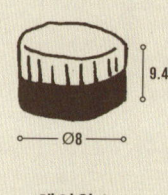
헤어왁스

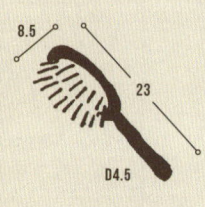
헤어브러시

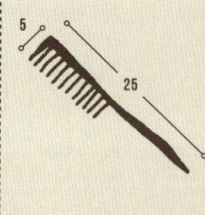
빗

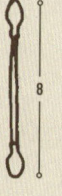
면봉

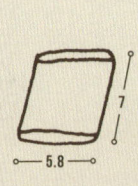
화장솜

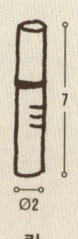
립

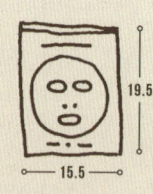
페이스팩
(봉투)

보디 크림

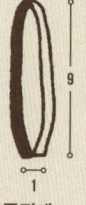
족집게

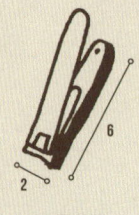
손톱깎이

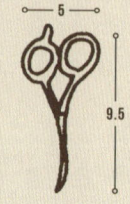
눈썹 가위

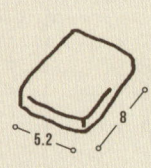
스펀지 퍼프

매니큐어

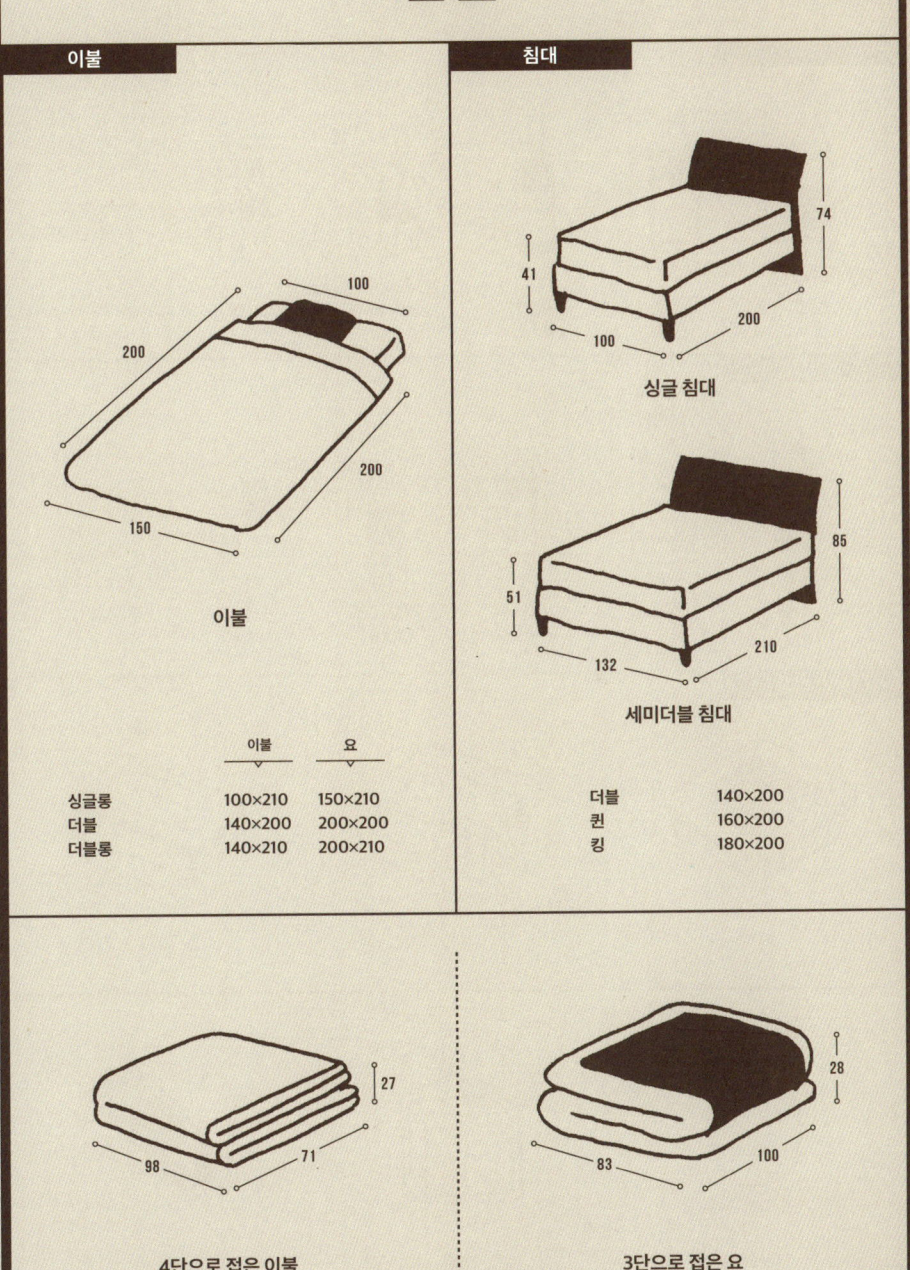

식품

음료

뒷병	페트병 (2ℓ)	와인 (780㎖)	우유 팩 (1000㎖)	페트병 (500㎖)	맥주캔 (350㎖)
Ø10.4, 39.8	10.8, 30.6	8, 30	7, 19.4	6.5, 20.5	6.6, 12.2

조미료

간장	식용유 (1500㎖)	식용유 (600㎖)	마요네즈 (300g)	드레싱 (380㎖)	튜브류 (40g)
8, 27	10.6, 30.1	7.7, 23.4	7.3, 19.2	7.1, 18	3.8, 14.5

상비 식품

낫토	두부	버터
11 × 11, 2.3	9.6 × 13, 3.7	6.5 × 12.8, 3

달걀	식빵	파스타
5.6, 7.4	12, 25.5	14.5 × 32, D2

식품

채소·과일

 양배추 20 × 15

 수박(2ℓ) Ø23

 딸기 팩 11.5 × 17 × 4.5

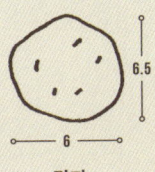 감자 6 × 6.5

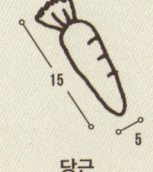 당근 5 × 15

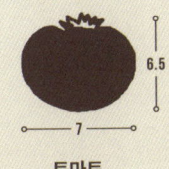 토마토 7 × 6.5

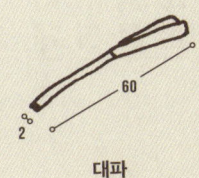 대파 2 × 60

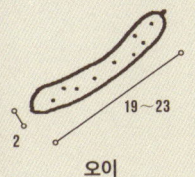 오이 2 × 19~23

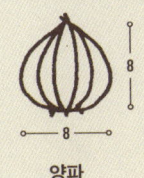 양파 8 × 8

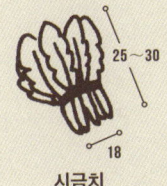 시금치 18 × 25~30

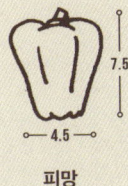 피망 4.5 × 7.5

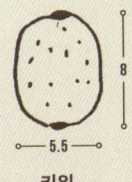 키위 5.5 × 8

 사과 9 × 9

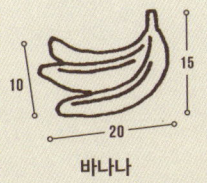 바나나 20 × 15, 10

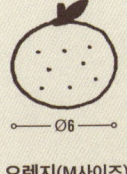 오렌지(M사이즈) Ø6

스톡 식품

 참치 통조림 Ø8~10 × 4.5~6

 토마토 통조림 Ø7.5 × 11

 레토르트 카레 13 × 16.5 × 2.2

 과일 통조림 Ø6.5 × 8.1

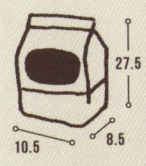 밀가루(1kg) 10.5 × 8.5 × 27.5

KI신서 9606

무인양품 정리법
마음까지 심플하게

1판 1쇄 인쇄 2021년 5월 3일
1판 1쇄 발행 2021년 5월 7일

지은이 가지가야 요코
옮긴이 박제이
펴낸이 김영곤
펴낸곳 (주)북이십일 21세기북스

출판사업부문 이사 정지은
정보개발팀 이종배 김지영
디자인 한성미
마케팅팀 배상현 한경화 김신우 이나영
영업팀 김수현 최명열
제작팀 이영민 권경민

출판등록 2000년 5월 6일 제406-2003-061호
주소 (우 10881) 경기도 파주시 회동길 201 (문발동)
대표전화 031-955-2100 **팩스** 031-955-2151 **이메일** book21@book21.co.kr

(주)북이십일 경계를 허무는 콘텐츠 리더

21세기북스 채널에서 도서 정보와 다양한 영상자료, 이벤트를 만나세요!
페이스북 facebook.com/jiinpill21   포스트 post.naver.com/21c_editors
인스타그램 instagram.com/jiinpill21   홈페이지 www.book21.com
유튜브 youtube.com/book21pub

당신의 인생을 빛내줄 명강의! 〈유니브스타〉
유니브스타는 〈서가명강〉과 〈인생명강〉이 함께합니다.
유튜브, 네이버, 팟빵, 팟캐스트에서 '유니브스타'를 검색해보세요!

ISBN 978-89-509-8130-3 14370

책값은 뒤표지에 있습니다.
이 책 내용의 일부 또는 전부를 재사용하려면 반드시 (주)북이십일의 동의를 얻어야 합니다.
잘못 만들어진 책은 구입하신 서점에서 교환해드립니다.